歐洲不貴

林果——著

解鎖 7 國 13 座城市，高 CP 旅行大作戰！

從規劃到體驗，私房密技大公開！

contents 目次

序：打開旅行的想像力

在自助旅行的賽道上，我深知自己是一位「規劃型」選手，詳讀攻略，制定策略，才能安心出發。不打沒把握的仗，穩紮穩打是我的旅行風格，「一場說走就走的旅行」對我來說比較像恐怖小說的開頭，瀟灑的後果可能是荷包血量瞬間蒸發，或被當成肥羊宰，卻沒想到，讓我意外發現：這種體質特別適合去歐洲自助旅行！

因為命運的安排，我有幸在三十歲前到歐洲旅行三個月，我將當時規劃運用的觀念、技術、攻略，在《歐洲不難：搞定交通，滑著滑著，就都訂好了！》一書中，做了系統性整合說明，此書《歐洲不貴》更像是實驗的「過程與成果」，這中間有快樂的收穫，更有突發的危機、景點與現實不符的失望，不管好的壞的我都記錄下來，希望讓讀者們感受到，旅行有快樂也有風險，「平安回家」是所有自助旅行者不可動搖的最後底線。

《歐洲不貴》1.0 版在 2014 年出版，當時礙於版面有限只能精簡內容，承蒙貓頭鷹出版社的青睞和信任，此次《歐洲不貴》2.0 升級版，除了完善旅程的書寫，經過時間沉澱、反芻後，在這本書中我想傳達的，不只是如何在旅行中省錢，更重要的是，在人生旅途上打開想像力，勇於嘗試自己想做的事。

近年來智慧型手機、行動網路的普及，加上 2020 年全球新冠疫情影響，旅行界發生了翻天覆地的變化。我將 2012 年旅行時的數據一併附上，讀者除了可明白漲幅之外，透過匯率換算，亦有助於判斷最優 CP 值旅行選項，雖然民生物價漲幅不小，但若精算後將會發現，有歐元一路狂跌做後盾，誰又能說現在不是去歐洲旅行的最佳時機？

願平安。我們旅途上見！

啟程：人生的十字路口

　　你是否也曾和我一樣，每天過著日復一日的生活，行事曆上只剩發薪日、連假日、年終發放日被打勾？週五晚上捨不得上床，週一早上不想起床？

　　二十出頭，正是對生命產生許多疑問的年紀。

　　當時的我，在某個跨年夜，午夜十二點，全公司只剩我一人加班，在電腦前我自問：「我的人生就這樣了嗎？」新年第一天，明明應該充滿希望與動力，但是當下心中卻只有滿滿的、深深的無力感，更讓我不知所措的是，我不知道該如何調整自己、扭轉低潮。

　　直到一句話，如同當頭棒喝，一語驚醒我這個夢中人：「如果你的人生才30歲，那要安穩做什麼？」對呀，雖然追求安穩的人生沒有錯，但是還不到30歲的我，是不是要這麼早就穩定下來？世界那麼大，趁還有熱情、衝勁，可不可以給自己一些探索世界、試錯的機會和時間？

　　俗話說：方向不對，跑得再快，也只是離目標愈來愈遠罷了。或許心中的無力感正是潛意識發給我的求救訊號：快點停下來，重新校準方向。

　　於是，當我站在「辭職，停下來」還是「維持現況不變」的十字路口上，我也猶豫，也害怕，但若面臨困境卻不試著去改變，就不能奢望人生還有其它可能。我告訴自己，不知道該往哪走時，就選難的路走吧。

　　當我鼓起勇氣按下人生的暫停鍵：辭職，這趟改變的旅程，也正式啟程。

被潑冷水，也要去歐洲

　　每一趟旅行的初始，總是由三個問題開始：去哪裡？去多久？花多少錢？

　　當我得知從 2011 年開始，持台灣護照進入歐盟申根國家，在 180 天內，只要停留不超過 90 天即可免簽，心中當下決定就是它了：歐洲旅行 90 天！不但可省簽證費，還能將機票價值最大化！

但「花多少錢」可就難倒我了！

對歐洲物價一點概念都沒有，因此當我說出「90 天 15 萬」的旅行預算時，所有朋友都覺得我瘋了！「絕對不可能」是大家統一給我的答案，但當我回問，那要多少錢才夠時，卻又沒有人知道。

果然，人生是沒有捷徑的。自己的疑問，只能自己去找答案！最後，在家人的支持下，果媽、果姊決定和我一起踏上歐洲之旅。而我決定，此次的行動代號就稱為：歐洲不貴 90 天 15 萬大作戰！

我的人生請接招：歐洲不貴任務卡

仔細算算，「90 天 15 萬」真的有很大的問題！

以最便宜的歐洲青年旅館床位一晚 20 歐計算，再加早、晚餐吃三明治各 5 歐，午餐 15 歐；單日的「吃住」費用就讓預算爆炸了！

> 住宿 20 歐 ＋ 飯錢 25 歐 ＝ 45 歐 ×90 天 ＝ 4050 歐 ＝ 台幣 151,875 元
> （2012 匯率）

更何況還沒加上機票、火車、地鐵、公車、門票……只需用國小數學計算能力，也能知道失敗機率高達 99.9999%！

此時，果姊從我身旁飄過甜甜的說：「90 天 15 萬，而且是要『很有品質』的 90 天喔！」說完後又輕輕的飄走。我翻譯一下，她的意思是說：挑戰歸挑戰，你膽敢讓我睡火車站就死定了！

心驚膽顫的我只能努力做功課，找出能完成 15 萬目標的旅行方法！啊～生命的有趣之處，就是對未知世界的探索吧！自己設定的遊戲，就算哭著也要完成！不過我也是真的很想知道，90 天 15 萬到底有沒有可能？套句《進擊的巨人》台詞：「既然有不明白的事，就來弄清楚它吧！」

抱著這樣的心情，我決定勇往直前！

為了挑戰成功，我決定採取「各別擊破法」，就像打遊戲一樣，先把 90 天的旅行拆解為城市串連、日程、交通、住宿、景點等不同關卡，找出該關卡破解攻略後，便能組合出該城市最省錢、最高 CP 值玩法。

行前排兵佈陣

▲ 總日程 90 天，將免簽和機票發揮最大效益

▲ 選擇十一月至一月冬季旅行，可體驗歐洲聖誕節、跨年

▲ 聖誕節爲歐洲打折季，有利於購物血拼

▲ 冬季門票不但較便宜，又可避開排隊人潮

▲ 控制預算祕技 1：提前在網上訂好車票、住宿

▲ 控制預算祕技 2：住宿以「有廚房」爲目標，利用 Airbnb 預訂

▲ 控制預算祕技 3：以「不走回頭路」爲路線設計原則，節省交通時間和費用

▲ 控制預算祕技 4：機票選擇不同城市出入境，可省下一趟交通時間與費用

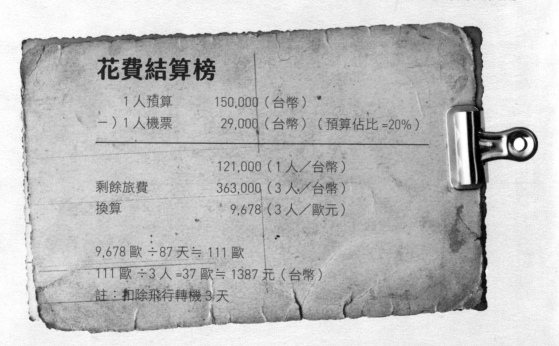

花費結算榜

1 人預算	150,000（台幣）
一）1 人機票	29,000（台幣）（預算佔比 =20%）
	121,000（1 人／台幣）
剩餘旅費	363,000（3 人／台幣）
換算	9,678（3 人／歐元）

9,678 歐 ÷87 天≒ 111 歐

111 歐 ÷3 人 =37 歐≒ 1387 元（台幣）

註：扣除飛行轉機 3 天

　　也就是說，若想挑戰成功，「一人一日花費預算」只有 37 歐，大約台幣 1400 元左右，但是光住宿一天至少就要台幣 800 元起跳，還不包括吃飯、門票、交通……這真的有可能嗎？

台北
Taipei

跨境旅攝

巴黎
Paris

N
W　　E
S

Departure:
10/28 07:45
from Taipei

Arrival:
10/29 06:10
at-Paris de Gaulle

　　歷經十幾個小時的飛行，當飛機緩緩降落巴黎戴高樂機場的剎那，法航飛機上所有人響起一陣歡呼，令人精神為之一振，將旅途疲累瞬間消除。走出海關，金髮碧眼，大廳裡軟軟糯糯的法文廣播提醒我：我們真的到歐洲了！

　　清晨六點，體感溫度十度，天空是藍紫色的，亮燦燦的機場裡，繁忙的空氣在身邊流動，我深深吸一口氣：你好，我的藍紫色巴黎！

　　今天是不想上班的藍色星期一，而我在戴高樂機場。

　　這就是我的第一眼歐洲。

旅費進度條 80% 餘額　　日程進度條 100% 倒數

第1站

法國

Paris

Bonjour！
我的藍紫巴黎

心願清單

☑ 當剪髮模特兒
☑ 體驗餐廳用餐
☑ 上咖啡館
☑ 逛巴黎菜市場
☑ 吃馬卡龍

☑ 吃冰淇淋
☑ 世界文化遺產：
　楓丹白露宮
　凡爾賽宮
　塞納河河畔散步

行前排兵佈陣

▲ 巴黎的最佳到達時間爲週一

▲ 每月第一個週日爲博物館免費開放日

▲ 停留日以「一週」爲單位

▲ 將巴黎近郊區（4-5 圈）的景點安排在第一週參觀完畢

▲ 選擇有洗衣機的民宿

日程規劃 從決定到達日期，就開始省錢

巴黎是文化歷史豐厚的城市，有看不完的博物館、皇宮、教堂，建議
停留日數至少十天或半個月，才不會走馬看花。另外，巴黎在交通、
住宿，以「週」爲單位有時會有特別優惠，因此建議停留時間可以
「週」爲單位。

祕筆記 林果

祕技 1：善用「歐洲文化遺產日」，免費逛博物館 +2 日

祕技 2：善用「博物館日」，免費逛博物館 +1 日

祕技 3：善用「夜間延長開放日」，免費逛博物館時數 +4 小時

　　每年九月第三個週六和日是「歐洲文化遺產日」，在歐洲多達
五十多個國家響應活動，連續二天免費開放博物館參觀。在巴黎，連
平日不開放的參議院、中央銀行等也特別開放，因此規劃歐洲旅行時，
可考慮在九月前往，不只氣候舒適，又能馬上省二天門票費用。

除了歐洲文化遺產日，為了培養市民文化藝術涵養，巴黎「每月第一個週日」為博物館日，也可免費參觀許多重量級博物館，包括羅浮宮、龐畢度、奧賽、橘園、畢卡索博物館等。有的博物館還有「夜間開放日」，延長開館到晚上 10 點，也是很棒的參觀福利。

林果經驗談

無論遺產日還是博物館日，我建議在這天與其去熱門景點（絕對大排長龍），不如安排去二到三個小景點參觀（早、中、晚各一個），有時三個小景點的門票錢加起來，可不輸一個大景點門票錢，重點是還能避開人潮，提升參觀品質，因此我將此策略稱為「免費試錯日」。

做旅行功課時，很常遇到「看起來好像很有趣，但不知精彩不精彩」的冷門博物館，因為較冷門，所以資訊量不足，去了怕踩雷，不去怕後悔。別煩惱了，將這種小景點安排在免費日去踩點，如果真是雷區也不可惜門票錢，如果很有趣，那就真的賺到了。不管如何，至少又有一個未知地圖被點亮了。

GET 交通

誰說巴黎交通貴？ Navigo 卡在手，巴黎任你遊。Navigo 卡有點類似台灣悠遊卡，不同的是，有各種區域、日數的加值方案，比台灣複雜很多。其中我認為最超值的方案是「週票」。

祕筆記
林果

祕技 1：想將 Navigo 卡用好用滿，就規劃週一到達巴黎，並以「週」為單位規劃停留日，因為巴黎「週票」是每週一到週日，而不是用滿 7 天。

祕技 2：如從巴黎入境，可在機場辦理 Navigo 卡後（需另一張大頭照），直接加值週票「5 圈」範圍，便能含蓋機場到市區的交通（RER ＋地鐵），等於又省下一趟從機場到市區的交通費！

祕技 3：無法以週為單位停留巴黎也別灰心，湊不了一週的日期，安排步行為主的散步行程，或與單日車票方案靈活搭配，效益一樣強大。

週票價格比較表

範圍	2012 年／歐元	2023 年／歐元
1～2 圈	19.15	
1～3 圈	24.85	
1～4 圈	30.25	
1～5 圈	33.9	30
2~3 圈	18.15	27.45
3~4 圈	17.65	26.60
4~5 圈	17.20	26.10

Navigo 官網

註：2023 年搭乘 RER 到巴黎北站單程票價約 11.4 歐。

🦋 林果經驗談

　　從機場進入巴黎市區，搭 RER（區域快鐵）轉市內地鐵雖然方便，但有大行李的人，建議搭機場巴士進市區（持 Navigo 卡可免費搭機場巴士 Roissybus、Orlybus），因為老舊的巴黎地鐵內不一定有電梯或手扶梯，如果不想和我們一樣，巴黎之行始於搬行李搬到「鐵手鐵腳」全身酸痛的話，還是避開地鐵這個大地雷。

　　另外，地鐵扒手眾多，通常團伙作案，拉行李的觀光客容易淪為目標，我們就遇到三個女生提議幫我們拉行李，實則趁地鐵進站，開門上車瞬間，假藉搬行李之名，行製造混亂之實，趁我們注意力都放在搬行李跨越月台間隙時，故意把人和行李一起推倒，這時，扒手的同夥早就站在背包後，趁亂拉開背包拉鏈。好在當時果姊站在果媽身後，即時將扒手的手撥開，才避免被她得逞的命運。

　　拉著行李搭地鐵雖然不便，但也讓我們遇到一位時髦帥氣的巴黎紳士，主動提出幫忙提行李的服務，只是他帥氣的笑容，在搬完我的行李後，順著我的眼神，看到後面還有兩大箱果媽和果姊的行李時，瞬間笑容有點抽搐。看到他豐富的表情變化，害我在心裡偷笑好久。

GET 住宿

許多巴黎房東對「週租」有額外優惠，若在 Airbnb 訂房，試算房價時可留意。

我們最後選擇住在巴黎15區、地鐵6號線 Sevres Lecourbe 站附近，此區偏住宅區，安靜且治安良好，交通方便，值得推薦。另外，一定要向屋主確認有沒有電梯，許多巴黎老房子即便有五、六層樓高，也可能只有樓梯。

巴黎飲食費高，選一個有廚房、能煮食的住宿，有助於大幅降低飲食預算，到菜市場看到有趣的食材，也不會扼腕。

祕筆記 林果

想知道房源附近生活機能好不好？最快的方式，上 google map 看看附近有沒有 Monoprix 超市就知！雖然家樂福是法國企業，但在巴黎，Monoprix 反而更受歡迎，連不愛大賣場的巴黎人都愛去，裡面有不少便宜好物可買。另外，別忘了詢問房東有無「私人指南」，在地人的美食口袋名單，絕對是有錢難買的最佳美食攻略。

GET 博物館卡：景點分配

交通有 Navigo 卡，博物館則有博物館卡，雙卡合璧後，巴黎第一週的行程重點，就是將博物館卡中較遠的「近郊鑽石景點」全部刷完。但巴黎博物館卡上多達六十多個景點，不可能全部都去，如何有效分配，達到使用最大化，有幾個功課要先做。

祕筆記 林果

祕技 1：將想去的景點分為三級：必訪、可訪、備訪。

祕技 2：依不同屬性，將景點分配、串連。

祕技 3：將「可訪」和「備訪」景點再做排名順序。旅程中易有突發狀況，有可能需要臨時換景點，屆時在一堆資料中翻找，手忙腳亂，不僅耽誤寶貴時間，還可能疏漏錯選。

祕技 4：安排景點順序時，將交通路線一併考慮。郊區景點距離較遠，交通往返常需 1 小時以上，因此車速很重要，我的選擇順序為 <u>RER 火車→地鐵→公車</u>。

巴黎博物館卡價格比較

	2012 年	2023 年
2 日	39 歐	55 歐
4 日	54 歐	70 歐
6 日	69 歐	85 歐

巴黎博物館
PASS 官網

漲價的迷思

近年歐元匯率一路下滑，甚至一度跌至 1：30，若將上表進行匯差換算（37.5 和 30）會發現一個驚人的事實：雖然博物館卡漲幅高達 16 歐，但其實正確數字是 2 日卡漲 187 元，4 日卡漲 75 元，6 日卡不升反降，甚至還比 2012 年便宜 37 元！怎麼會這樣呢？這正是匯差的魅力！歐元狂跌時，絕對是旅行的好時機！

若無歷史價格參考，容易陷入思考盲點，以為漲了 16 歐 =480 台幣，但經由以上比較後，卻得到完全不一樣的結果：6 日卡其實才是最划算的！請運用本書的歷史價格，找出 CP 值最高的選項吧！

 ### 林果經驗談：我的「大巴黎郊區」景點分級表

以下景點全部涵蓋在博物館卡＋ Navigo 卡（全區）的守備範圍！

	必訪景點	可訪景點	備訪景點
定義	非常精彩，絕不能錯過，不想趕時間，值得安排一整天慢慢參觀	好像挺有趣，但不用安排一整天，可以兩到三個景點組團，成為一天行程。	「以防萬一」的心態，如果行程提前達標但還有時間，可做為填補。特色是通常有夜間開放。

	必訪景點	可訪景點	備訪景點
景點	- 凡爾賽宮 - 楓丹白露宮	- 馬爾梅松城堡 - 梅松拉菲特城堡 - 文森城堡 - 聖丹尼斯聖殿 - 薩伏伊別墅	- 拉維特公園 - 新凱旋門拉德芳斯

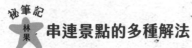

祕筆記 林果

★ 串連景點的多種解法

　　如何有效率的串連景點，實在令人傷透腦筋。只能說，學會做「取」「捨」，是旅人一輩子的功課。摸索多年，我的心得是：將景點分為散步屬性和交通屬性兩種。

　　‧散步屬性：適合「市區」近距離

　　‧交通屬性：適合「郊區」遠距離

　　散步屬性代表周圍景點密集，用「走路」串連即可，省時省力，不用猛看地圖、查找交通路線，此法的最佳使用城市是布拉格。大巴黎郊區，點與點之間都離很遠，比較偏向「交通屬性」；由交通方式決定串連組合，其中又細分為近距交通法和放空交通法。

祕技 1：「近距交通法」比較耗體力，但比較省時間

　　把相近的景點放在一起，不休息連續衝關，需在身體狀態極佳狀態下實行較佳。試想，如果8個小時內連衝3個景點，一個景點參觀2小時，佔比6小時。中間2次移動，加上人生地不熟，找車找路，少說也需1小時，佔比2小時。也就是說，除了吃飯時可坐下小小休息，其餘時間必須連衝8小時，真的很考驗體能，出發前要做好壯烈奮戰的心理準備。

祕技 2：「放空交通法」比較舒緩，也是我比較推薦的

　　不同景點，不看距離，而以「最簡單乘車方式」放在同一天參觀。這種將交通轉乘數降到最低的好處是，移動時不用看地圖找路，一上車找好位子坐下來後，就能讓雙腿和大腦暫時放空休息，讓移動時間同時也是休息時間。喘口氣，休息一下，不管是帶路者或是年長者，都非常需要這樣 take a break 的幸福空白時間。

解鎖城市任務

景點任務

巴黎近郊「凡爾賽宮 Château de Versailles」

林果祕筆記　參觀凡爾賽宮＆花園小技巧

| 服務台可借免費中文語音導覽器

| 身上要帶食物和水

| 控制、分配好室內、室外的參觀時間

| 相機電池、記憶卡帶好帶滿

| 冬季免費開放日（11 月～ 3 月第一個週日）

| 花園免費開放（在噴泉和音樂花園表演日需購買門票）

| 持博物館卡可參觀凡爾賽宮和特里亞農宮

　　像凡爾賽宮這種走路會走到腿斷的超級大景點，想合理分配參觀時間，不漏掉精華之處，需要有計劃策略。若你剛好住城堡附近，喜歡沉浸式、慢參觀的人，可安排一天參觀宮殿，一天參觀花園（免費日前往）。若只能安排一天，天氣就很重要。

　　碰上雨天或陰天，建議以室內為主，花園「有看就好」，不用花太多時間。如果是晴空萬里的好天氣，建議先參觀花園，並且使出破解術：逆流參觀法。

　　「逆流參觀法」的精髓就是：搶第一時間入場參觀，並且和所有觀眾反著走。

　　一入宮門，直接衝到花園最底端，（至於哪裡才算底端，可依個人分配時間和腳程速度了），然後往回走時再慢遊、拍照，先參觀戶外花園，再參觀室內宮殿。如此一來，當人潮都在宮殿你在花園，人潮在花園你卻在宮殿，巧妙避開人擠人窘境，提高參觀品質，還能降低拍到一堆人頭當背景的機率。此招在各大熱門宮殿都適用。

秒懂凡爾賽宮＆路易十四

　　參觀前我建議一定要先懂凡爾賽宮歷史，了解法國皇室背後的血腥和荒淫後，參觀起來絕對更有感。若不想辛苦啃書本，可以看 Netflix 影集《凡爾賽宮》，該劇以路易十四為主角，綜合歷史和野史，不失為行前功課的快速入門。

已經有羅浮宮的法國皇室，為何又要建造凡爾賽宮？簡單來說，路易十三老年得子，路易十四從誕生起便集三千寵愛，也集各方殺機於一身，更慘的是，年僅4歲，父皇病逝，幼子臨危登基，可以想見血腥宮鬥沒少上演。即便路易十四23歲親政後，面對局勢混亂的歐洲、人民暴動、暗殺等，老實說，王位坐得並不安穩，可想見路易十四的心理陰暗面積之巨大，這也造就他生性多疑的個性。

為了實現「絕對君主制」的夢想，路易十四決定先自抬身價，登高一呼：「我就是國家、我就是法國。」接著頒布《路易法典》，記載著從國王到平民，必須遵守的各種禮儀規範，以繁複的宮廷禮儀，穿華服、戴珠寶，營造自我尊榮感。

接著，路易十四大興土木興建凡爾賽宮，一切都要最大、最好、最華麗！接著下達命令：貴族必須遷居至凡爾賽宮。對貴族來說「離藩入宮」等同於削弱自身對地方勢力的掌控權，讓路易十四便於監視自己，但誰又能抗拒豪宅的魅力？凡爾賽宮的一切，讓權貴們目眩神迷、心神嚮往，一入宮殿深似海，永無止盡的華麗舞會、珠寶、炫富。為博得路易十四青睞，貴族們將全部心力放在外表的爭奇鬥豔，以便獲得寵溺重用。久而久之，貴族漸漸腐化心志，再也無心爭權奪利、屯兵習武，達到目的的路易十四，從此終能安睡。

凡爾賽宮外表看著雖然華麗但並不夢幻。它是最殘酷血腥的政治舞台。

路易十四堪稱職場PUA【註】大魔王，對象是全巴黎的上流權貴。

此時，距心理學問世，還要等兩百多年呢。

註：何謂PUA？簡稱「精神控制」。心理學研究，藉由貶低和施恩兩種手段，達到控制他人精神的行為。以各種批評貶低手段，先讓對方自信全無，再偶爾表揚、嘉賞摸頭，長久下來，讓對方喪失自我，唯命是從。

第1站
巴黎　　第2站
阿姆斯特丹　　第3站
柏林　　第4站
布拉格　　第5站
布達佩斯　　第6站
維也納　　第7站
薩爾斯堡

凡爾賽宮看什麼？絕不能錯過的「鏡廳」

　　路易十四早就打定主意，凡爾賽宮一定要是全歐洲最奢華、最璀璨的宮殿，除了以黃金裝飾之外，什麼材質才能獨領風騷、配得上他「太陽王」的稱號呢？答案是：鏡子。

　　在路易十四統治的 17 世紀，別說鏡子，連玻璃都一片難求，是只有皇室貴族才用得起的奢侈物件。當時製作玻璃的技術，壟斷在威尼斯人手裡，想擁有製作配方和工藝，還得派間諜去偷，堪比現代高科技核心技術機密，玻璃工匠若叛逃出國洩露配方，被抓到可是會處以死刑的。

▲凡爾賽宮的鏡廳是參觀的亮點之一

顯然路易十四成功了：威尼斯工匠在法國為他打造一面又一面價值萬金的鏡子。參觀鏡廳時仔細觀察，鏡子怎麼好像有點髒、灰灰濛濛的？這可不是沒擦乾淨，而是當時製造鏡子的技術水準不夠成熟，原料不夠精純，跟現代澄澈的鏡子一比，高下立見。

在 Netflix 影集《凡爾賽宮》裡有一幕，路易十四站在新做的全身鏡前，讚許鏡子愈做愈大、品質愈來愈好，如果仔細看能發現，那面全身鏡，其實是用數片的小方鏡拼接起來的，和鏡廳牆上一模一樣。心疼太陽王一秒鐘，當年奢華的頂峰，不過是今日的尋常。再強盛的王朝，終究逃不過時代的追趕。

站在鏡廳長廊，我們需要一點想像力。當夜晚來臨，整排水晶吊燈點上千支蠟燭，燭火搖曳，璀璨光明，除了在視覺上，讓所有權貴賓客目眩神迷，它同時也在向所有人宣告：看啊，我路易十四的財力、法國的技術，多麼強大。

鏡廳，是太陽王路易十四最神聖、至高無上、不可侵犯的光之聖殿。

第1站
巴黎

第2站
阿姆斯特丹

第3站
柏杯

第4站
布拉格

第5站
布達佩斯

第6站
維也納

第7站
薩爾斯堡

凡爾賽宮看什麼？絕不能錯過的「皇家禮拜堂」

　　皇家禮拜堂分為上下兩層，上層皇室用，下層官員用，禮拜堂以金色、白色為基調，有一種高貴、潔淨、莊嚴的感受，一整個就是婚禮教堂的標準配色。這裡舉辦過最有名的世紀婚禮，正是 1770 年路易十六和瑪麗・安東妮的大婚，這場婚禮，舉國歡騰慶祝近半個多月，可見人民之歡欣，也可想花費之巨大。

▲皇家禮拜堂是路易十六和瑪麗皇后舉行結婚典禮的地方，也是兩人走向毀滅的開始

　　站在皇家禮拜堂前，覺得金色管風琴和金色祭壇美嗎？

　　可惜，擁有完美的婚禮，不代表就能擁有完美的婚姻。路易十六和瑪麗・安東妮，只為國家利益而結合的政治婚姻註定是場悲劇。處於風雲變幻莫測的時代，偏偏一位不懂如何當國王，一位不懂如何當皇后，短短 23 年後，兩人在革命聲浪中結束一生。想到當年在金色祭壇前，兩人攜手走向的竟是一條通往斷頭台之路，令人不勝唏噓。

景點任務

避開人擠人・巴黎寶藏景點

・梅松拉斐特城堡・凡仙城堡・聖丹尼斯教堂・

 **這天的郊區行程串連，我使用放空交通法**

梅松拉斐特城堡、凡仙城堡、聖丹尼斯教堂，分別位於巴黎市的西、東、北，且距離頗遠。這樣不是浪費交通時間嗎？但若從「交通」視角來看，會發現前二個景點都是搭 A 線 RER 即可到達，後二個景點串連，也只需從 RER 的 A 線轉乘一次到 D 線。

另外，這天是果媽休息日，只有我和果姊兩人外出衝衝衝，所以決定將行程強度提高，把博物館卡功能發揮到極致。

 **凡爾賽宮的靈感源泉「梅松拉斐特城堡 Château de Maisons-Laffitte」**

參觀當天，我和果姊是唯一的訪客，因此有幸獨享整座城堡。其實梅松拉斐特並非熱門觀光景點，會想參訪的原因，一是夠老，二是和凡爾賽宮有關。

於 1650 年完成主建築的梅松拉斐特，被歸類為「中世紀」（泛指 5 到 15 世紀）城堡，對城堡控來說：愈古老愈吸引人，不覺得看到「中世紀」就令人充滿遐想嗎？

梅松拉斐特非皇室所有，而是法國的古老貴族之一的「隆格家族」所建，據說設計師弗朗索瓦・曼薩爾（François Mansart）在此的宴會廳設計，啟發路易十四凡爾賽宮鏡廳設計靈感（鏡廳後來指定由其姪子設計），因此這裡號稱「凡爾賽宮的凡爾賽宮」，也是法式古典主義的建築典範。

第1站
巴黎　　第2站
阿姆斯特丹　　第3站
桓杯　　第4站
布拉格　　第5站
布達佩斯　　第6站
維也納　　第7站
薩爾斯堡

　　相對凡爾賽的「炫富風」，梅松拉斐特城堡其實非常「樸素」，但在樸實安靜中，透著一種素雅的美，也成為我和果姊旅途的意外驚喜。

梅松拉斐特城堡看什麼？看主樓前廳

　　如果說凡爾賽是奢華，那梅松拉斐特就是典雅。

　　主樓前廳地板乍看如同黑白棋格盤，細看後發現不是黑色，而是優雅的藍灰色，牆面、天花板皆是清爽的白，配上鑲玻璃吊燈的金，整個空間淡雅清爽，低調的華麗感，令人眼睛為之一亮。

　　雖然素雅，裝飾可一點也不馬虎。隆格家族的族徽是老鷹，因為隆格法文「Longueil」與讀音「long œil」（如鷹般的視力）相同。前廳天花板上四角除了老鷹之外，四個方位以希臘神話風、土、水、火四神為主題，刻有四幅淺浮雕，是主樓前廳非看不可的精彩之處。

▶老鷹是隆格的家族徽章，容格的音，與法文的 long œil 唸法相近，其意思為老鷹精準的目光，所以該家族才會選用老鷹來做為家徽

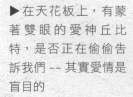

▶在天花板上，有蒙著雙眼的愛神丘比特，是否正在偷偷告訴我們~~其實愛情是盲目的

梅松拉斐特城堡看什麼？看榮譽樓梯

通往二樓的「榮譽樓梯」是此堡的重要看點之一。

由四組「懸空」台階組成，從建築結構來說，樓梯的樓板中間，應要有兩個柱子加強支撐，但這裡居然沒有？在 400 年前就有這樣的設計可謂時代創舉！少了柱子，整座樓梯呈現輕爽開闊的空間感，沒有意外的，成為巴黎新式樓梯典範，也因此被視為此堡的傑作之一。

如詩一般對稱的結構在裝飾上展開，二樓牆楣以四組小天使呼應一樓四眾神，四組天使分別代表愛情與婚姻、科學與藝術、和平與戰爭、音樂與歌曲。

▲城堡一樓的主樓前廳，淡雅的配色非常雅緻，後方為榮譽樓梯

行前排兵佈陣　解鎖城市任務　結語

梅松拉斐特城堡看什麼？看原始鏡廳設計

參觀二樓宴會廳，有一種似曾相識的感覺，像凡爾賽宮鏡廳的縮小版，不同的是，凡爾賽鏡廳是在牆面的「長邊」鑲鏡子，而這裡在「短邊」鑲鏡子，加上水晶吊燈折射，讓宴會廳空間瞬間放大。

現代室內設計中，用鏡子折射放大空間是基本操作，但梅松拉斐特可是 400 年前的建築，連路易十四都還沒出生呢，也難怪路易十四來此看過此等巧思後一眼難忘，要在凡爾賽宮復刻放大版鏡廳。

第 1 站
巴黎　　　第 2 站
阿姆斯特丹　　第 3 站
柏林　　　第 4 站
布拉格　　　第 5 站
布達佩斯　　第 6 站
維也納　　第 7 站
薩爾斯堡

　　其實在宴會廳旁邊，還有一個更小的「環型鏡廳」，360度全裝上鏡子，但空間實在太小，反而比較像一個實驗作品，因此說梅松拉斐特是凡爾賽宮的靈感來源，我覺得還是有一定的可信度。仔細觀察，這裡鏡子尺寸比凡爾賽小很多，可見當年鏡子的研製技術不斷在提升進步。

▲凡爾賽宮的鏡廳據說是以此處鏡廳為靈感，底端空間其實是鏡子折射出來的虛擬空間

◀宴會廳一角偏廳裡，非常小的圓鏡廳，玻璃非常小片，顯示當時玻璃製造工藝尚有待加強

第8站
慕尼黑

第9站
弗萊堡

第10站
威尼斯

第11站
佛羅倫斯

第12站
米蘭

第13站
科隆

林果私推薦 不想分享的口袋名單
「凡仙城堡 Vincennes」

巴黎近郊景點中,最讓我驚豔的就是凡仙城堡了。凡仙城堡也有翻作「萬森納城堡」,或「文森城堡」,不過我覺得最美的名字還是凡仙城堡。

會將此堡納入安排除了交通串連順暢,更因為「夠老」。

凡仙城堡在「中世紀」(約莫 12 到 13 世紀)建造,除了號稱是法國中世紀古堡的典範(好像每一座中

▲凡仙城堡的教堂大門,是哥德式建築的寶藏

世紀城堡都這樣介紹?),加上路易十四在定居凡爾賽宮前,曾暫時居留於此之外,沒什麼奇聞軼事,難怪和凡爾賽宮相比之下,知名度不高,反而成了鮮為人知的祕境。

別看凡仙城堡名字這麼仙,這裡可是有軍事城堡塔,用來防衛和打仗,畢竟中世紀歐洲動盪不安,充滿各種侵略和戰爭,軍事塔樓是基本標配。塔樓可進去參觀,也算這裡的獨特體驗。

第1站
巴黎

第2站
阿姆斯特丹

第3站
柏林

第4站
布拉格

第5站
布達佩斯

第6站
維也納

第7站
薩爾斯堡

凡仙城堡看什麼？祕密寶藏教堂

在軍事塔樓對面的「聖教堂」是此處參觀亮點。光是教堂的大門，就是哥德式建築的傑作！

哥德式教堂容易給人黑暗沉穆感，但聖教堂內部以白色石材打造，加上大面積的玻璃花窗，造訪當天下午，強烈陽光透過玻璃照射進來，清透亮中流轉著七彩斑斕光影的教堂有多美？如果有天堂，我想應該就是這樣吧。

入門驗票的老先生不忘親切提醒我們，要記得上二樓看看。果然，這裡有著絕佳視野，登高俯視，更能感受教堂的寬闊、高聳、明亮的空間感，另一方面還可以貼近觀賞上方哥德風格的玻璃花窗，精緻的雕刻，美的彷彿是用石材編織出的白色蕾絲婚紗。建議來此一定得挑個有強烈大太陽的好天氣，才能看到明亮、充滿神聖感的聖教堂。

▲選對時間來，能看到美麗的花窗光影

林果私推薦

不輸聖母院的皇家墓園「聖丹尼斯教堂 Basilique Cathédrale de Saint-Denis」

相較聖母院，位於巴黎近郊的聖丹尼斯教堂人潮不多，給人安靜莊嚴之感。這裡雖然知名度沒有聖母院高，但地位卻是數一數二。

第8站
慕尼黑

第9站
弗萊堡

第10站
威尼斯

第11站
佛羅倫斯

第12站
米蘭

第13站
科隆

秒懂聖丹尼斯教堂

- ◆ 巴黎守護神，蒙馬特地名因他而來
- ◆ 參觀教堂免費，參觀陵墓需另付費
- ◆ 教堂為歷代國王遺體陵墓，只有三位國王未葬於此
- ◆ 國王路易十三至路易十八，瑪麗·安東妮皇后的墓都在此
- ◆ 歷代法國皇后加冕處，有路易十六和瑪麗皇后的 3D 祈禱像
- ◆ 3D 立體皇室陵墓，此處獨有！
- ◆ 號稱哥德式教堂領頭羊

誰是聖丹尼斯？畫面很血腥，但故事有洋蔥

　　聖丹尼斯是首位到巴黎傳教的基督徒，活躍於西元三世紀，他的事蹟在歐洲博物館中是常見的畫作主題：斷頭身體，手抱頭顱，斷頸處還在噴血，畫的就是聖丹尼斯。

▲聖丹尼斯的著名捧頭形象，看起來驚悚，也是常見的雕塑繪畫主題

▶（照片左）巴伐利亞的伊薩博皇后和瘋子查理六世陵墓，這裡同時也是研究皇室墓葬石雕藝術與演變的好所在

▼國王亨利二世和皇后凱薩琳・麥迪奇的義大利風格陵墓

◀路易十二和布列塔尼安妮（Anne de bretagne）的石墓

行前排兵佈陣　解鎖城市任務　結語

◀路易十六和瑪麗皇后的祈禱雕塑，又像是跪在此處懺悔

▼路易十六和瑪麗皇后的墓是後來才被路易十八移入聖丹尼斯教堂，墓上沒有雕塑像

丹尼斯（尚未封為聖）在西元 250 年來到巴黎傳教，這可不是個肥差，因為當時正是基督徒被迫害最嚴重的時代，所以不意外的，丹尼斯最後被判處死刑。

傳說中，砍頭後的丹尼斯出現神蹟，頭雖斷了，但他居然站起來了！相傳他把頭撿起來，走到河邊把自己洗乾淨，一邊走還不忘一邊傳教，據說，最後他在一個小村莊倒下，人民覺得他又可憐又敬佩，於是將他埋葬，而墓地經過幾世紀來不斷的擴建，從一個小小墳墓、修道院，漸漸變成今日看到的聖丹尼斯大教堂。他被砍頭的地方，後來被稱殉道者之丘（Mont des Martyrs），也就是今日巴黎的必打卡地點：蒙馬特（Montmarte）名稱由來。

作為巴黎守護神，聖丹尼斯地位之高不言而喻，除了傳說夠傳奇，時間早也是關鍵。巴黎建城始於西元 358 年，羅馬人在巴黎建造宮殿；巴黎首位國王始於西元 481 年，法蘭克王國的克洛維一世。而西元 250 年就在巴黎傳教的丹尼斯，比任何帝國、國王時間都來得更早。

我很好奇，丹尼斯死後到底走了多久才倒下？在 google map 上測算，從蒙馬特聖心堂走到聖丹尼斯大教堂，總長六公里，需走 1 小時又 20 分鐘，途中還真的有河流經過，過河沒多久，就是今日聖丹尼斯大教堂的所在地。這條極有可能是被他洗過的河，被命名為聖丹尼斯運河，最後匯入巴黎塞納河。

▲石碑記載著，聖丹尼斯教堂只存放國王的遺體，依照法國傳統，國王的心臟會另外挖出來，放在他指定的教堂裡作為聖物

聖丹尼斯教堂看什麼？法國國王和王后的最後居所

既然教堂地位這麼神聖，因此從法國首位國王開始，舉凡皇后加冕、出征祈禱、死後墓葬等重大國家儀式，都在聖丹尼斯大教堂舉行。

目前教堂有 43 位國王、32 位王后、63 位王子與公主，和 10 位著名人物的墓葬在此，雖然今日不會再有新的國王和皇后入葬，但擁有 70 多個中世紀臥像陵墓的教堂，放眼全法國也只有這裡了，因此這裡也是一座雕塑博物館，是研究法國皇室陵墓文化與藝術的最佳場域。

不過，成也皇室敗也皇室。當年法國大革命，革的正是皇室的命，教堂也未能倖免，皇家陵墓被搗毀，教堂的裝飾、屋頂、花窗也被拆卸破壞。所以現今教堂簡單樸素，內部不走富麗堂皇風格，最繁華的裝飾是無處不在的彩繪玻璃窗。在基督教中，光代表上帝，陵墓雕像上，白色大理石疊映花窗七彩光影，或許是最美的祝福。

▲教堂內有皇家標誌的玻璃花窗

行前排兵佈陣　解鎖城市任務　結語

城市任務

像巴黎人一樣散步！

在巴黎，一定要散步。

巴黎的美，值得細品，慢慢領會。

　　選一個天氣晴朗的好日子，淺淺打扮一下，不是為了拍網美照（當然也可以是），而是為了「享受美麗時光」，讓自己也成為巴黎的一道風景。散步的時候，不要看地圖，不要特意尋找，跟著感覺走。路過甜點櫥窗，色彩繽紛的甜食誘惑，大膽推門進店，揮霍一塊甜點，收穫享用美食的快樂。路過老書店，進去晃晃，或者消磨一下午也可以，或許海明威也曾坐在同一個角落看書。

　　散步日的不期而遇是最美的邂逅。如果錯過了什麼，那一定是續集的伏筆。

 ## 巴黎經典散步路線

　　這條位於巴黎「心臟區」的散步路線，因為實在太美了，就算時間有限，也千萬別錯過喔。

出發：地鐵 7 號線新橋站 Pont Neuf 或 4 號線西堤站 Cité

沿路景點：

- ◆ 新橋 Pont Neuf
- ◆ 藝術橋 Pont des Arts
- ◆ 島尖垂柳 Saule Pleureur de la Pointe（周杰倫告白氣球 MV 拍攝地）
- ◆ 巴黎司法宮 Palais de Justice de Paris（免費參觀）
- ◆ 巴黎古監獄 Conciergerie（博物館 PASS）
- ◆ 聖禮拜堂 Sainte-Chapelle（博物館 PASS）
- ◆ 河岸花鳥市 Flower & Fish Market
- ◆ 巴黎聖母院 Cathédrale Notre-Dame de Paris（免費參觀）

- 巴黎聖母院登頂鐘樓（博物館 PASS）
- 巴黎聖母院地下墓室（博物館 PASS）
- 考古地穴博物館 Crypte archéologique de l'île de la Cité（博物館 PASS）
- 貝蒂雍冰淇淋 Berthillon 和阿莫里諾冰淇淋 Amorino
- 塞納河與綠色舊書攤 Les Bouquinistes
- 莎士比亞書店 Shakespeare and Company

註：巴黎聖母院於 2019.4.15 大火後，目前整修中，暫不開放。

▲走過路過千萬不要錯過巴黎司法宮，這裡可是法國元祖皇宮

　　在巴黎，如果只參觀聖母院，卻沒在西堤島上散步，會是一種遺憾。

　　西堤島是巴黎的心臟。建城之初，巴黎有多大？就是這座西堤島的範圍。城市英文 City，正是西堤島的 Cité。在聖母院廣場上，有一個「法國原點」，從巴黎到法國各地的道路，皆以此為「起點」零公里計算。

　　如果是散步，建議不要坐到西堤站，而是從地鐵新橋站出發，過了新橋，先去西堤島的尖角處，這裡有棵垂柳樹，頗像台東的金城武樹，是個浪漫地標。不想去藝術橋掛情人鎖，從這裡眺望，正好能將整座橋和右岸羅浮宮映入眼簾。

第1站
巴黎　　第2站
阿姆斯特丹　　第3站
梧杯　　第4站
布拉格　　第5站
布達佩斯　　第6站
維也納　　第7站
薩爾斯堡

走著走著，會遇見亨利四世雕像，被法國人稱「賢王亨利」的他，是路易十三的父親，是路易十四太陽王的祖父。一生有功也有過，但因文治武功皆有所建樹，所以法國大革命後，是唯一沒被人民唾棄的波旁王朝國王。但即便如此，他在聖丹尼斯教堂的陵墓，革命期間仍被毀壞。

　　沿著河岸，不用擔心迷路，很容易找到古監獄門口，這裡是關押瑪麗・安東妮皇后的地方，和隔壁巴黎司法宮相通，搞錯入口的我們，誤闖司法宮後才發現不對，一個用來打官司的法庭，怎麼隱隱透露著皇族貴氣？沒想到，這裡居然是「巴黎第一座皇宮」：法國中世紀卡佩王朝的西堤宮。資歷比羅浮宮、凡爾賽宮更古老，後來法國皇室將皇宮移至羅浮宮，再移至凡爾賽宮，西堤宮才漸漸不為人所知。

▲巴黎古監獄與聖禮拜堂，是同一個入口，只是分別排兩條隊伍

◀宮殿鐘樓和聖禮拜堂是一樣的藍金配色

第8站
慕尼黑

第9站
弗萊堡

第10站
威尼斯

第11站
佛羅倫斯

第12站
米蘭

第13站
祥1金

西堤宮的範圍，包含今日的古監獄、聖禮拜堂、司法宮，司法宮目前作為開庭判案的法庭，免費對大眾開放，但知道這個參觀資訊的旅客不多。中世紀的卡佩王朝宮殿不像凡爾賽宮一樣，鑲金包銀，但氣勢恢宏的挑高大廳、精美大理石雕刻，確實給人一種宮庭威嚴、莊重的感受。

參觀時，大膽地在裡頭閒晃，沒有人會管你，內部已局部被改造成法庭和辦公空間，從門上的圓玻璃望進去，還能看到穿著法袍的法官。

司法宮正門，左右兩邊各有一入口，都能進到司法宮，但右邊入口可連接進古監獄，左邊入口則是進聖禮拜堂，建議都不要錯過。參觀完室內，走到戶外河岸旁，抬頭還能看到宮殿鐘樓，這是巴黎最早的公共大鐘，鑲在外牆上的大鐘，以藍色、金色交織的皇家徽章，與聖禮拜堂的華麗天頂一模一樣的配色與設計，給人一種高貴穩重、內斂低調感，和凡爾賽宮的金碧輝煌一比，能感受不同王朝的審美風格。

行前排兵佈陣

解鎖城市任務

結語

▲聖禮拜堂裡的藍金配色，有一種沉穩的皇家風範

離開西堤宮，前往巴黎最著名也是碩果僅存的花鳥市，週一至週六為花市，週日則是兩者參半。花鳥市不大，但細逛也能其樂無窮。再往前走約三分鐘，就能看到矗立在晴空下的聖母院。

第1站
巴黎

第2站
阿姆斯特丹

第3站
梅杯

第4站
布拉格

第5站
布達佩斯

第6站
維也納

第7站
薩爾斯堡

參觀聖母院不用門票，排隊人潮雖多，但入場速度其實挺快。若想登頂需另買票，走出教堂，在外面登頂入口處排隊才能登頂。這麼古老的建築當然沒有電梯，只有石造旋轉梯，窄到只能單向通行，因此，想要登頂，必須下定決心，一旦開始，就沒有回頭路了。

▲河岸花鳥市

▲期待聖母院重生的那一天

▲聖母院上的小怪獸是看到了什麼這麼驚訝

第8站
慕尼黑　　　第9站
弗萊堡　　　第10站
威尼斯　　　第11站
佛羅倫斯　　第12站
米蘭　　　　第13站
科隆

🎀 林果經驗談

　　果媽和平常不愛運動的我都擔心，能否成功完成挑戰，不過為了看著名的屋頂小石獸群們，六十多歲的果媽在我們的鼓勵下，鼓起勇氣，和女兒們一起登頂。窄梯內，牆壁有加裝貼心扶手，行走還算安全，過程不要聊天，控制好呼吸節奏，若真的太喘，可以停下喘口氣，不要硬撐，大家都能體諒，或許別人也正好需要停下來休息一下呢。關鍵是一定要相信自己能成功，別想放棄的可能。

　　其實聖母院外觀也很精彩，建議可從外部、背面、側面，各個角度欣賞，可看性一樣高。沿著建築外圍往後走，過聖路易橋到聖路易島，這裡有兩家號稱巴黎最好吃的冰淇淋品牌等著我們：貝蒂雍和阿莫里諾，兩家店就在同一條街上，步行距離不到一分鐘。

　　阿莫里諾（Amorino）在義大利文中是丘比特的意思，品牌 logo 好認，胖胖的愛神小天使，不拿弓箭改拿花朵冰淇淋甜筒，阿莫里諾的特色，就是店員會把冰淇淋拼貼成一朵花。

　　如果想在室內坐下休息，可以去貝蒂雍本店，古色古香的裝潢，很有法式沙龍氛圍。不過和台灣不一樣，在歐洲，內用會比外帶價格還貴。好天氣的話，我建議到塞納河畔坐著吃，還能欣賞美景、曬太陽，被列入世界文化遺產之一的「塞納河沿岸風光」，可是一毛錢都不用付。

▲走累了，來一球貝蒂雍冰淇淋，保證疲勞一掃而空

　　過托內爾橋,往巴黎左岸走,在聖母院與羅浮宮這段河邊沿岸,一個又一個的綠鐵皮箱不是垃圾筒,而是法國的「綠皮舊書攤」,這是舊書和文學書迷淘寶的好去處,有點像台北師大的舊香居、牯嶺街,如果還不過癮,附近的莎士比亞書店也是巴黎地標書店之一,喜歡紙本書的人千萬不要錯過。

　　可惜的是,綠皮舊書攤與莎士比亞書店,近年來受到科技與 3C 產品、疫情影響,這兩道「巴黎百年人文風景」紛紛發生經營危機。為求生存,有些綠皮舊書攤改賣討好觀光客的明信片、觀光小物,被許多巴黎藝文人士抗議。另外,莎士比亞書店在疫情期間銷量下滑 8 成,書店運用創意,呼籲讀者用線上訂購支持書店、持續閱讀。

　　時代在改變,再美好的事物也終有消失的一天,但或許我們可以讓它消失得慢一點。有機會到舊書攤、書店,買一本書,都是支持文化延續,最直接有效的行動。

去巴黎當剪髮模特兒

　　我的「巴黎清單」其中一項任務,就是在法國殿堂級的 JEAN-LOUIS DAVID 剪頭髮。這個引領世界美髮潮流,在全球有一千多家分店的超級美髮品牌,剪一次頭髮多少錢?只要 7 歐!相當於只要台幣 260 元!

　　位於巴黎 Jean Louis David 的培訓中心,會聘請 JLD 髮廊裡的專業設計師來中心教學,7 歐的價格是作為「剪髮模特兒」給實習美髮師練習,有時是剪髮,有時是剪加染,但必須事前電話預約,不會說法語的人可以跟我一樣,請房東協助預訂!

　　去之前,我還半信半疑,真的這麼便宜嗎?我們提前約十分鐘到達,門口已經有人在排隊了,時間一到,大門準時打開。店員先幫大家掛好外套,並確認人數、收費。本來說好全家三人一起體驗,沒想到果

第8站
慕尼黑

第9站
弗萊堡

第10站
威尼斯

第11站
佛羅倫斯

第12站
米蘭

第13站
祥1金

媽和果姊居然臨陣退縮，只剩我一人上場。我選了7歐剪髮方案後（8歐是造型方案），付款，領卡牌，上二樓，體驗準備開始。

◀時間還沒到，就有人在門口排隊

▼巴黎剪髮，不貴

　　全髮廊只有我們是東方臉孔，為我剪髮的是一位漂亮的金髮美女，可是她非常害羞，她問我想怎麼剪，我希望由她設計，但她聽不懂英文，臉紅驚慌。當時在等待室的果姊說，我的出現在髮廊引起一陣慌亂，法國人說「來了一位不會說法文的日本人」，接著我就被「移駕」到另一個房間，換了一位笑容陽光的帥哥設計師。我覺得有些可惜，因為那個法國女孩真的很美呢！

　　帥哥設計師在學院裡的階級似乎較高，技術也好，設計導師巡視時，幾乎都會給予指導，但走到他旁邊，只是開開玩笑後就離開。

　　可能語言不通，所以他沒多問便開始剪髮，動作自信又俐落，厲害的是，他不拿剪刀，全程只用「電動剃剪」。大約一個多小時後，雖然我的髮型風格沒改變，但線條層次明顯變得鮮明豐富。

　　7歐裡包含洗髮、剪髮、吹整造型，真是非常超值又特別的體驗呢！剪完後，設計師想知道我是否滿意，我趁機問他法文的「很好」怎麼說。Très bien ！

JLD 髮廊

Training Center

- Jean-Louis David

5 rue Cambon

75001 Paris

Tel.. +33 (0) 1 42 61 49 86

www.jeanlouisdavid.com

▲體驗分純剪髮和造型兩種，不知這位滿頭保鮮膜的女子最後會呈現什麼造型。白 T 帥哥正在為我洗頭！

美食任務

誰說巴黎吃飯貴？1 歐美食多多

在歐洲怎麼吃最省？自己煮最省！

其實巴黎餐廳的高消費，連當地人都吃不消，因此只有特別節日或想犒賞自己時才會上餐廳，平日大多都是自己煮食居多。因此在歐洲旅行時，自己煮不僅又能吃飽又美味又省錢，最重要的是，上菜市場買菜、煮飯，還能真正地體驗當地人生活。

 **巴黎買菜必去的菜市場**

巴黎市場眾多，其中推薦大家去有「窮學生的天堂」美稱的巴士底市集，可搭地鐵到巴士底站或 5 號線的 Bréguet – Sabin 站（會比較容易看到）。市集位於「兩條馬路中的分隔島」，有點像台中草悟道，在寬廣步道上，可同時容納四排攤位。

巴士底市集屬於「早市」，一大早就有不少攤販擺好攤位，海鮮、蔬果、麵包、肉攤、醃菜、雞蛋、花店、衣飾、傢俱⋯⋯想得到想不到的，

巴士底市集裡都有。如果想吃熟食當午餐，近中午時抵達攤位較多，一大清早以家庭主婦、生食顧客為主，若住在有廚房的民宿，此時便不用擔心無法料理的窘境。

巴黎買菜的眉眉角角

眉角 1：明碼標價放心買

不會法文也別怕，這裡東西全部明碼標價（沒有標價的攤販我都直接淘汰不買），買完也會有明細小票，但購買前要看清楚價格單位是 1 公斤還是 1 個，價差頗大。

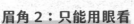
▲巴士底市集從海鮮到蔬菜應有盡有

眉角 2：只能用眼看

在歐洲買菜最大的不同，就是只能用眼睛「看」，選好後告訴老闆，由老闆拿取打包，千萬不能拿起來摸一摸、捏一捏，再放回去。

眉角 3：記得打招呼

在巴黎，「不打招呼就別想買菜」。

有次果媽想買盒草莓，因為太專注在挑選，結果沒回應攤販小哥的「蹦啾」，對方臉色馬上臭掉，後來也完全不理我們，最後只好改去別攤購買。

後來才知道，對法國人來說「沒禮貌」是重罪，舉凡不打招呼，或是別人打招呼沒回應，都是粗魯又沒禮貌的行為，所以，在菜市場買菜時，除了小心扒手之外，千萬別忘了回應店員的「蹦啾」喔。

巴黎菜市場買什麼？

巴黎雖然不靠海，但市場裡有很多海鮮，蝦子、生蠔、螃蟹、鮮魚，甚至連法餐「蝸牛」都能買，應有盡有。另外可留意「特價」商

品，跟台灣菜市場一樣，有些賣相不佳的蔬菜水果，會裝成一籃一籃的，每籃只要1歐，超級便宜，難怪這裡被稱為窮學生的天堂。我驚訝的是，不管是台灣還是巴黎菜市場，庶民生活語言竟如此相同。

話說，我們在鮭魚攤結完帳後，

果家戰利品

蝸牛 1kg／5.9€	生牛肉片 1kg／14.07€
牛肉丸 2 顆／2.95€	鮭魚 1 片／7.07€
鮭魚頭 1 個／1€	蝦子（熟）0.5kg／7.5€
白蘑菇 1 盒／2€	綠葡萄 1 串／1€
小蕃茄 1 籃／1€	蔬菜 1 籃／1€
麵包一個／2.5€	南瓜 1/4 顆／1€
小計 46.99€	

老闆突然拿出一顆鮭魚頭，說只要1歐，果媽大為驚訝，在台灣1斤要200元的鮭魚頭，巴黎居然只要1歐？趕緊出手買下，哇，真是賺到了，這個意外驚喜，讓果媽樂了三天。

林果私推薦　巴黎人必逛的平價超市

在巴黎人心中，Monoprix 超市的地位有點像台灣的家樂福，是平日採購的好去處。在 Monoprix 若想買到最超值的東西，不妨專挑 Monoprix「自有品牌」商品，在衝刺行程的前一天，我們常會到超市搜尋 1 歐麵包、巧克力、餅乾，隔天當午餐或零食都很方便。

在歐洲最便宜的食材是什麼？非義大利麵莫屬。買一包麵、一罐醬，煮一煮，拌一拌，用不到 1 歐。最方便的食材是什麼？披薩和牛排絕對是懶人福音。披薩、牛排在歐洲超市選擇眾多，微波爐熱一下，煎一下，五分鐘上菜，有肉有主食，算下來，一餐不用 5 歐。

我們還曾在超市裡挖寶 1 歐的水果

▲在巴黎不知道買什麼，就買 Monoprix 出品的食物，絕對超值再超值

汽泡酒、水果、洋芋片，本來還擔心要縮衣節食，結果沒想到反而有吃胖危機！花點時間在 Monoprix 超市裡尋寶，相信不會讓你失望。

🦋 林果經驗談：巴黎餐廳初體驗

雖然自己煮最省，但體驗一次巴黎餐廳還是必需的。

如何找到當地人愛的餐廳，而不是去宰觀光客的店？最直接的辦法是請房東推薦，但要強調「當地人也常去的店」免得房東誤會。如果是路上隨機遇見，我有兩個判斷指標：第一看店內坐的是外國人還是觀光客，第二看主菜價格，15 歐是判斷合理價格的基準線，在 10 歐以下算平價便宜。

點餐時，一定要把前菜、主菜、甜點，點滿全餐不可嗎？沒點全餐是否會失了禮儀？不，完全不會，無論何時何地，絕對可依「當下心情」和「需求」點餐，一點都不用不好意思。

如果不太餓，只想吃點小食，可以只點個前菜，也可以兩個人點一份前菜一份主菜互相分享。用完餐，若心情愉悅，再加點個甜點、咖啡、酒，都很正常。

在飲食文化上比較不同的是，歐洲人通常一定會點飲料，如果不習慣點酒水，又不想點瓶裝礦泉水、氣泡水，在巴黎餐廳可詢問侍者，要一壺免費的白開水（水壺裝的水，巴黎自來水可直接生飲），可以說 une carafe d'eau.（一壺水），別忘了最後加上 s'il vous plaît.（請）展現禮貌。

法國主食是麵包，等於亞洲的白飯，所以除了主菜之外，還會上來一籃麵包，是搭配主菜食用的，和餐前麵包不同，大部份吃完可免費再續，有點像台灣內用白飯免費吃到飽的概念，突然覺得有點親切。

在餐廳，我們三人點了三份主菜：鮭魚、牛排、鱈魚。牛肉偏乾硬，但鮭魚和鱈魚超滑嫩 juicy。在巴黎餐廳如果不知道點什麼，建議大家點魚類料理是最不容易出錯的，鮭魚的英文、法文發音相似，不講英文的法國人也能猜出來，加上我認為法國人處理魚的手法與台灣不太一樣，走水嫩路線，長輩不用怕咬不動，是不易出錯又高 CP 值的選項。

文化任務

巴黎咖啡館文化

　　當花神、雙叟，成為巴黎最熱門的「打卡咖啡館」後，我們有些掙扎是否要前往。同時，到底何謂「巴黎咖啡館文化」的疑問在我心中浮現。可以想見，當然不會是評比咖啡香味、品種、烘焙等這種「技術」層面問題，更不會是巴黎何時有咖啡館這樣的枯燥歷史。那麼，到底何謂「巴黎咖啡館文化」，我在尋找答案的過程中，發現了一些有趣的說法。

- 沙特，一個最差勁的客人，只點一杯飲料，就坐在這塗塗寫寫一整天。
- 巴黎第一家咖啡店是 1686 年開幕的普寇咖啡館 (La Procope)，吸引許多文人墨客在此唇槍舌戰，激烈辯論討論交換意見與思想。
- 存在主義者以便宜的旅店為家，聚在當地咖啡館，如花神、雙叟，這裡簡直變成了教室，沙特與波娃各據一張桌子奮筆疾書。
- 一群聚在這裡喝咖啡、談天說地，爭論何謂存在主義、發表各自高見。

　　原來如此，我瞬間豁然開朗。

　　一群窮困的思想家，用一杯咖啡的錢，獲得暖氣，也獲得思想交流的空間，這會不會就是巴黎咖啡館文化的核心？真是一個幸福的年代，但是思想家已逝，今日的咖啡館裡，還有沒有思想在辯論、誕生？讓我更加困惑的是，一個聽不懂法語的旅人，又該如何體驗這種文化？沒想到，巴黎給了我這樣的答案。

　　冬天的巴黎街道，又冷又濕的天氣，讓我們往往出門沒多久，雙腿就凍成石頭，沉重僵硬。進到咖啡館裡喘一口氣吧，當暖氣迎面撲來，溫暖的幸福感也迎面而來。當年波娃和沙特也是這種感受嗎？在咖啡館暖氣的庇護下，冬天的寒冷似乎也沒那麼難捱了。

　　我突然有點懂了。旅人的咖啡文化，或許談不上高深的哲學思辨，但是走累了，一杯咖啡，一個座位，暖身暖心，回復元氣、優雅、體面；巴黎咖啡文化，也是一種生活文化。

▲走在街頭欣賞咖啡店的設計是一種樂趣

◀巴黎咖啡館是個特殊的文化體驗

 ## 在巴黎，如何挑咖啡店不踩雷？

　　不想去名店人擠人，在街邊如何選擇一家心儀咖啡館，這幾個眉眉角角不可不知。

巴黎咖啡館文化 1：專業侍者＋標準制服

　　咖啡館正不正宗，看侍者制服便知。

　　因為巴黎咖啡館侍者可是有正宗制服標配的喔。

　　黑長褲、白襯衫、黑蝴蝶領結（現在有時以黑領帶代替）、黑色背心（有多口袋，可放各種零錢），最重要的是，圍在腰上剛好一圈的白色長圍裙，讓侍者站定時，就像一根下半部被塗上白劑的樹，所以巴黎侍者制服也被暱稱為「圓木」（rondin）。

第1站
巴黎　　第2站
阿姆斯特丹　　第3站
柏杯　　第4站
布拉格　　第5站
布達佩斯　　第6站
維也納　　第7站
薩爾斯堡

巴黎咖啡館文化 2：從風格一窺門派

若想選個「咖啡館老店」，可從裝潢瞧出端倪。

傳統老店桌椅大多以古典造型、以木質座椅為主，營造優雅隱密的氛圍。要注意的是，傳統老派咖啡廳將「咖啡廳」視為一種社交場合，也是文人思想辯論的聖殿，在服裝儀容上有時會有明文規定，禁止穿短褲、拖鞋入內。我覺得這個要求挺合理，在古色古香、高貴紅絨座椅的氛圍中，若穿得太隨便，恐怕連自己也會不自在吧。

近年來許多新潮咖啡廳也紛紛崛起，老派古典作風不再是唯一標準，塑膠藤製、金屬桌椅，各種奇異造型的現代燈具，也在咖啡館現蹤，如果不追求老字號，走在街上欣賞各種流派咖啡館，品頭論足，亦不失為一種樂趣。

巴黎咖啡館文化 3：用眼神傳遞電波，用手勢打暗號

巴黎咖啡店侍者可不是學生打工性質的「兼職服務生」，而是一門可作為「終生職業」的工作，有其專業性與節奏，不會一直逗留在某位顧客身邊。如果想召喚滿場飛舞的忙碌侍者該怎麼做？學法國人發射「眼神」電波吧！

在場內尋找一開始為你帶位的服務生，或是稍稍抬頭，一副在找人的模樣，但不用起身，只需坐在位子上，以轉來轉去的眼神「表演」即可，當你和某位服務生眼神對上後，他自然會到你桌邊服務。

難怪法國人這麼會談戀愛，因為每天都上咖啡店練習「用眼神傳遞訊號」。

如果侍者看到你，卻沒有馬上過來也別急，對方可能正在忙碌，專業侍者的記憶力都很好，忙完後會馬上過來，不用一直死盯著他。

如果想要結帳離開，不用起身，一樣用眼神召喚，對上眼神後，抬手以食指在空中畫圓圈，侍者就會明白並拿帳單過來結帳。如果覺得侍者服務不錯，可以給些小費以示鼓勵喔！

結語　巴黎教會我的事

2019 年 4 月 15 日，喜愛巴黎聖母院的人都心碎了，一場大火將尖塔和橡木屋頂全部燒毀，重建之路困難重重。

現今回看，慶幸自己當初沒有放棄登頂，因為即使重建完成，看到的也將不再是一樣的風景。一位法國哲學家曾說，「即使站在同一處河岸邊，也不會遇見同樣的河流兩次」，現在的我好像有點明白了。從未想過，聖母院會燒毀，全球有禁止旅行的一天，無法預知未來的我們，以為一切永遠都有「以後有機會」，在躊躇猶豫的時候，時間早就像河流一樣奔流向前不復返。

「還有機會、還有時間」是錯誤的，許多人事物，往往只有一期一會。若再遇到人生猶豫時刻，我會告訴自己：不要等，勇敢一點把握當下，現在就去做。

花費結算榜

住宿
1,092€
交通費
204€
門票及食費
492€

實際花費 =1788€
計劃預算 =1554€
本站總結 = 超支 234€
預算佔比 =15%

巴黎
Paris

跨 境 移 事

阿姆斯特丹
Amsterdam

再見了，巴黎！

與巴黎初見時，搬行李，遇扒手，弄得有點狼狽，離開時，我們決定優雅道別。請房東預約計程車，先確認好車費 25 歐，時間一小時，搭乘前，將車票拿給司機確認目的地無誤，都是必要的手續。

道別日，一樣的清晨六點半，一樣的藍紫色天空，心中再不捨，還是必須前進下一站。學會說再見，也是旅行的必修學分。

大力士火車（THALYS）是串連巴黎、比利時、荷蘭的高速火車（類似台灣高鐵），從巴黎到阿姆斯特丹，只要短短三個多小時即到，在巴黎「火車北站」（Gare de Paris-Nord）搭乘，這裡也是扒手大本營，要小心財物和行李。

大力士火車高貴不貴，車票原價 135 歐，早鳥票到手價 35 歐！算下來，一趟火車 3 人就省了台幣上萬元！搭乘時，帶著車票（紙本或電子版）、護照、付費信用卡等備查即可。第一次搭歐洲高鐵，心情難免緊張，害怕出錯，但好處是不用轉車，不用提心吊膽轉乘時機，對語言不通的旅人很方便。通過驗票，剩下就是一路直達荷蘭！

第1站
巴黎

第2站
阿姆斯特丹

第3站
柏杯

第4站
布拉格

第5站
布達佩斯

第6站
維也納

第7站
薩爾斯堡

旅費進度條 ▮▮▮▮▮▮▮▮▮▮▮▮▮ 65% 餘額　　日程進度條 ▮▮▮▮▮▮▮▮▮▮▮▮▮ 83% 倒數

第2站

荷蘭

Amsterdam

溫柔巨人國
阿姆斯特丹

MUSEUM

心願清單

☑ 台荷廚藝交流

☑ 與外國房東同住　　☑ 生吞鯡魚

☑ 散步　　　　　　　☑ 甘草糖

☑ 餐廳用餐　　　　　☑ 荷蘭法式炸薯條

☑ 米飛兔專賣店　　　☑ 世界文化遺產：

☑ 楓糖煎餅　　　　　　　阿姆斯特丹運河散步

行前排兵佈陣

▲因旅行季節爲冬天，忍痛捨棄船屋住宿體驗

▲此站停留不足一週，住宿不用有洗衣機

▲住在近郊區降低住宿費用

▲交通以「一車到達不轉乘」爲主

▲首次全新體驗：和外國房東一起住

▲放棄購買博物館卡

日程規劃

阿姆斯特丹住宿費不便宜，所以最好精算行程所需日數，幸好大型博物館不多，景點也相對集中。若想省住宿費，行程可安排緊湊一點。

對博物館控來說，國家博物館是大景點，可安排一天參觀，如果是梵谷迷，還可再加一天博物館日。其它小景點，如：安妮之家、林布蘭故居、教堂等等都不大，每一處大約一至二小時可參觀完，可安排在同一天。老實說，阿姆斯特丹有許多收費景點，最好先評估性價比，不一定非要全部參觀。

另外，阿姆斯特丹運河是世界文化遺產，也是該城的獨有特色，很值得花時間在河岸邊散步，領略運河風光，同時享受花市、市集、美食。在博物館日之外，可再加一天。

▲與海爭地的荷蘭，運河工程先進，沿岸風光美麗，更是世界文化遺產，有時間不妨在河岸散散步

第8站
慕尼黑 　第9站
弗萊堡 　第10站
威尼斯 　第11站
佛羅倫斯 　第12站
米蘭 　第13站
科隆

GET 交通

　　阿姆斯特丹中央火車站正對面，有遊客諮詢中心 (VVV)，和交通 GVB 遊客服務中心，可分別購買博物館門票和交通卡，但臨櫃需多付 0.5 至 1 歐不等的手續費，建議上網購買，省時又省錢！

　　建議可先到 GVB 售票所，領取免費交通地圖，我們還拿到一本「Amsterdam Tram Bus Metro」，裡面有折價券，例如：海尼根館門票減 3 歐，遊船減 2 歐等，不無小補。

林果 老實說

相較其它城市，阿姆斯特丹交通是歐洲公認的貴。但這種「貴」是有道理的。根據 2019 年歐洲統計局 (Eurostat) 報告指出，荷蘭交通費用高出平均值三分之一，是歐盟中交通費最貴的國家，這和荷蘭政府力推節能減碳政策有關。在台灣，捷運和公車是相對環保的大眾運輸選項，但荷蘭認為這是最耗能的公共建設，一點也不環保，腳踏車才是荷蘭人認可最環保的交通工具，這種觀念和文化已深入荷蘭人的血液裡，據說每人均擁有一台以上的腳踏車。

有「海上馬車夫」之稱的荷蘭人，自 16、17 世紀起成為商業強國，精打細算的程度絕對數一數二，細算下來，博物館卡、交通卡、城市卡等都沒有特別超值，所以這一站我決定放棄購買任何卡片。

▲腳踏車王國荷蘭，有著各式各樣的腳踏車，我也好想擁有一輛

★ 秘筆記 林果 我的黃金車票組合

　　想破解阿姆斯特丹，需將「住宿＋交通＋門票」通盤綜合考慮。例如：住在市中心較貴，但可省交通費，老城區不大，景點相對集中，可用步行串連景點，對「健壯雙腿能力者」有利。或者反過來，住郊區，省住宿費，但需要多花些車錢和交通時間。

　　考量果媽體力有限，不宜一直走，我選擇後者，住郊區，搭配 72H 票（三日）與 1H 票（一小時）使用。

阿姆斯特丹交通票

H= 小時	2012 年	2023 年
1H 票	2.7 歐	3.4 歐
24H 票	7.5 歐	9 歐
48H 票	11.5 歐	15 歐
72H 票	16 歐	21 歐

GVB 官網

◆ 以小時計算，如：早上 10 點啟用，可用到隔天早上 10 點。
◆ 如果一天搭車超過三次以上，可考慮買「日券」較划算。

GET 住宿

　　在荷蘭，住宿除了青旅、飯店外，還有一種另類體驗選擇：船屋。船屋通常停在運河上，有的也有廚房可以做飯，不過船艙空間較小，有大行李的人要斟酌，加上冬天睡水上會比較冷，有大行李、長輩一起旅行的人，要仔細考慮。

林果經驗談

　　阿姆斯特丹住宿費比巴黎貴，差不多的價格，在這只能住郊區，且是和房東同住，不是獨享整間公寓。我們最後選擇住在佛丹公園（Vondelpark）附近，一來相對便宜，二來雖是郊區，但從火車站前往不用轉乘，是還能接受的範圍。

老實說，要和外國人住一起，心情有點緊張、拘束，也擔心是否能順暢溝通？但轉念一想，女房東在安全性上較無虞，而且或許也是一種交流和體驗的機會。只是入住當天，來開門的怎麼是個男的？

秘筆記
林果

如何判別市中心和郊區？

阿姆斯特丹城市的思考邏輯，不是以道路，而是以「運河」分界。

新城區、舊城區以辛格爾運河（Singelgracht）分界，要注意的是，辛格爾運河有兩條，老辛格爾河（Singel）是 15 世紀城市邊界護城河，到了 17 世紀，荷蘭的黃金時代，城市往外擴張，新辛格爾運河（Singelgracht）成為新的城市邊界。

因此，以新辛格爾運河為界，往內是市中心，景點大多集中在此。在運河邊上的博物館區到佛丹公園這區，算「近郊區」。再往外就是郊區。選擇住在近郊區和郊區者，就要將交通工具和費用考量進去。

荷蘭超市買什麼？

想要住宿機能好，看看房源附近有沒有兩大平價超市：藍白色 Albert Heijn，或橘黃色 JUMBO 超市，有的話住那裡準沒錯。

我們在阿姆斯特丹再度開啟了「特價 0.99 歐」的尋寶遊戲。除了特價品之外，身為歐盟畜牧業大國，荷蘭奶製品很便宜，台灣一罐近百元的牛奶，這裡居然半價不到。我們立馬決定將牛奶當水喝。一樣便宜到不可思議的還有肉類，牛排（biefstuk）、臘腸（braadworst），要是再遇上超市打折特價，價格絕對是驚人的優惠。若想在荷蘭吃肉吃到飽，最好選有廚房的住宿。

第1站
巴黎

第2站
阿姆斯特丹

第3站
柏林

第4站
布拉格

第5站
布達佩斯

第6站
維也納

第7站
薩爾斯堡

解鎖城市任務

美食任務

亞伯特凱普市集（Albert Cuyp Market）

一座城市，可以沒有博物館和皇宮，但絕對不能沒有菜市場！

人可以不出門，但絕不能一天不吃飯。在阿姆斯特丹，號稱「歐洲最大露天市集」的亞伯特凱普市集，就是我們的首站目標。

當房東亨麗知道我們隔天要去市集，她說可以陪我們一起逛逛，給我們推薦當地人會去的店，透過她證明，該市集不是觀光市場，而是一個當地人會去的菜市場。

出發當天，亨麗穿上一雙高筒細跟馬靴，一頭金色短髮俐落有型，超級酷又美，完全看不出來她已經50歲了。更妙的是，當我知道她等會要去看醫生，因為腳痛，我聽了快昏倒，心想：那妳還穿細跟高跟鞋？但細想又覺得有趣，或許這就是她的生活態度吧，哪怕生病了也要美美的，享受當下每一刻。

一下車，亨麗先帶我們去看她推薦的「de taart van m'n tante」蛋糕店，消費不貴，大約3至5歐，仔細一看，櫥窗的裡的夢幻結婚蛋糕，上面站的居然是兩個新郎！不愧是全世界第一個同性婚姻合法化的國家。

▲同志結婚蛋糕

行前排兵佈陣　解鎖城市任務　結語

老實說　亞伯特凱普市集其實不大

不知是否我們到的時間太早（早上十點），感覺攤販不多，顯得有點冷清，在人氣和規模上，沒有巴士底市集來得熱鬧，不買菜的話，整條街大約二十分鐘可以走完，不知為何這裡會被稱為「歐洲最大的露天市集」？亞伯特凱普市集除了蔬菜水果、熟食、餐廳，也販售衣服、飾品、包包、觀光紀念小物，屬於綜合性市集。荷蘭有名的觀光紀念品：荷蘭木頭鞋，這裡也有賣，但亨麗說，連她奶奶也沒穿過這種木鞋，不知為何變荷蘭名產？

慧眼識美食，市集買什麼？

先別對亞伯特凱普市集失望，這裡雖不大，但如果懂行，說不定是個淘寶好地。

如果在十一月中到荷蘭，不妨留意夢幻逸品「白蘆筍」是否已上市，這可是被米其林餐廳號稱「餐桌上的白色黃金」，價格昂貴，連法

第1站
巴黎

第2站
阿姆斯特丹

第3站
柏林

第4站
布拉格

第5站
布達佩斯

第6站
維也納

第7站
薩爾斯堡

國也限定只在春季供應，但在亞伯特凱普市集裡，「每束」居然只要 1.5 歐！如果各位有看到，千萬不要錯過。

除了生鮮蔬果，房東推薦的必嚐小吃：荷蘭法式炸薯條！據說連當地人也超愛。我不禁疑惑，薯條不就是薯條，能有多好吃？看我們一臉興趣缺缺的模樣，房東的勝負欲被點燃了，立馬決定請我們吃一包，沒想到一吃驚為天人。

荷蘭是生產馬鈴薯大國，馬鈴薯亦是荷蘭主食之一，對馬鈴薯的偏愛，已經到了專門培育炸薯條的「馬鈴薯品種」，因此荷蘭薯條跟麥當勞薯條真的不一樣，有香濃的馬鈴薯香氣，也更有飽足感，建議多人共食一份，免得吃不完。

除了薯條，「沾醬」更是亮點！身為「有蕃茄醬萬事足」的我，只能說在這裡完全被荷蘭醬（Mayo）征服！在濃濃奶油香味中，有一股清爽的檸檬香氣，去油解膩，淋一勺在熱燙香脆的薯條上，好吃到讓人感嘆：不認識荷蘭醬前的人生是黑白的啊。

房東並沒有帶我們特意尋訪哪間名店，只是市集中隨機選一家路邊流動卡車攤，買一包品嚐就如此好吃，可見荷蘭炸薯條水準之強大。有機會請一定要嚐嚐看。

城市任務

心跳加速的「紅燈區」散步

　　荷蘭最有名的三大特產：大麻、同志、紅燈區，每一項都在傳統道德邊緣挑戰、試探。很難想像，從火車站步行只要五分鐘的「黃金地段」，卻是紅燈區和大麻博物館所在地。位於阿姆斯特丹中央火車站正對面，以「德瓦倫 DE WALLEN」區為主，集中在「Oudezijds Achter-burgwal」街。

　　我很好奇，面對這些議題，荷蘭人是如何做到既冷靜又開放擁抱？或許從這條散步路線中可一窺究竟。

 阿姆斯特丹經典散步路線

出發：阿姆斯特丹中央火車站
沿路景點：

◆ 淚塔 Schreierstoren
◆ 聖尼古拉斯教堂 Basiliek van de Heilige Nicolaas

▲夜晚的阿姆斯特丹中央火車站相當璀璨　　▲▲淚塔
　　　　　　　　　　　　　　　　　　　▲淚塔內部現在已經改裝成咖啡店囉

- 老教堂 Oude Kerk
- 貝拉雕像 Belle，性工作者紀念雕像
- 紅燈區祕密博物館 Red Light Secrets
- 安妮之家 Anne Frank Huis
- 西教堂 Westerkerk

　　紅燈區是荷蘭有名的性工作交易場所，近年來遊客太多，現已設有專人導覽的英文 tour 團，若想深入了解可以考慮參加。

▲聖尼古拉斯教堂

　　無論白天夜晚，參觀紅燈區最好保持警覺。雖然白天與一般街巷無異，但是熄燈的霓虹招牌、露骨的塗鴉都在暗示你：沒錯，這裡就是紅燈區。

▲紅燈區大膽露骨的人形模特兒

第8站
慕尼黑 | 第9站
弗萊堡 | 第10站
威尼斯 | 第11站
佛羅倫斯 | 第12站
米蘭 | 第13站
科隆

如果膽大一點，晚上八點後是紅燈區營業時間，櫥窗紅燈亮起，玻璃窗後的美麗胴體現身，需注意的是，一旦進入紅燈區請只用眼睛觀賞，千萬不可拍照，否則可能會招惹麻煩上身！晚上的紅燈區治安沒有想像中恐怖，合法化之下，官方在街頭巷尾安裝許多監視攝影機，並建立警察巡邏機制，不過遊客還是要提高警覺，盡量和團體一起行動，並做好個人財物防扒防搶措施。

紅燈區裡的神性與人性

有趣的是，在這裡「性」與「神」共存。

這裡是紅燈區，也是阿姆斯特丹最古老的「老教堂」、「聖尼古拉斯教堂」的所在地，隔街還有佛光山荷華寺，以及世界上最古老的華人街。在老教堂的廣場上，有一座名為「Bella」的雕像，義大利文中Bella 意為美麗的，雕像刻畫一名女性的性工作者，倚靠在象徵櫥窗的方框上，銘文刻著：尊重全世界的性工作者！

荷蘭將「性工作」合法化，使得「性交易工作者」被視為一種正式的官方職業，從業人員的社會責任、義務，和一般民眾無異，包括登記申請，繳納所得稅，並遵守職業規章制度，同時，有了官方的追蹤和保護，亦可避免工作者不受恐怖情人和人口販子的威脅利用、剝削，享有平等醫療權、工作權。

儘管如此，紅燈區該繼續維持還是廢止，多年來在荷蘭也有各種不同聲音，我驚訝的是，在荷蘭，紅燈區留存議題並非一成不變，持續辯論與調整才是荷蘭的現狀。或許世上沒有完美解答，但面對議題時保持開放、理性態度，或許是所有人都可以學習的。

妓女，還是性治療師？

一般遊客大概很難「進入櫥窗體驗」吧！但若想更了解性工作者的資訊，可以參觀在紅燈區裡的祕密博物館（red light secrets），這是全世界第一座性博物館，雖然門票不便宜（2023 年 13€），但博物館內對性工作者提出更多角度的思考，我認為不失是一個「性別」和「性」教育的好機會。

例如館中一句標語寫著「我不是妓女（prostitute），而是一名性治療師（sex therapist）」。字典中對「妓女」的定義是「為了錢而和某人發生性關係的人」，而該博物館提出更具批判性的思考提問：在全世界的性關係中，金錢在許多形式中發揮作用。例如：為了得到更好的工作而選擇和女上司、男上司上床的人，或是為了得到財富而和女富豪、男富豪結婚的人，算不算賣淫？這些提問都引人深思。

如果「性」是人類與生俱來、不可抹滅的慾望，應該地下化還是合法化？應該直面討論還是隱晦不談？你認為呢？

被誤會的「合法」大麻

從紅燈區往前走不遠，就是以大麻葉為 LOGO 的大麻博物館。很多人來到荷蘭，都想體驗一次吸食大麻的快感，因為在當地吸大麻「合法」。

但與其說「合法」，更準確的說法是「在特定合法店內，購買少量（5g 以下）產品（例如大麻煙、大麻蛋糕 space cake），並在規定場所內使用，不會受到懲罰」。反之，若是違反規定、劑量太大、私自種植，一樣是違法、犯罪的行為。簡單來說，荷蘭對大麻採取的是「寬容政策」，而並非「全面合法」。

不過光是能夠「合法體驗」就足夠吸引人前往一探究竟。據說每到假日，荷蘭邊境常湧入法、德、比利時的觀光客和年輕人，疫情封城前夕，大麻店更排起長長隊伍，搶在封城前吸食一波。因此荷蘭國內不斷浮現改革聲浪，希望大麻限售本地人，以防大麻變成一種觀光娛樂產業。

在荷蘭，所謂的「Coffee Shop」是販售大麻的商店，「café」才是真的賣咖啡的地方，千萬別搞錯了。雖然大麻被荷蘭歸為軟性毒品，較不容易上癮（不代表絕對不會上癮），但一樣會使人產生幻覺，一樣有對大腦和神經造成永久性傷害的可能和風險，加上體質因人而異，想體驗者，最好三思而後行。

第8站
慕尼黑
第9站
弗萊堡
第10站
威尼斯
第11站
佛羅倫斯
第12站
米蘭
第13站
祥隆

安妮之家：穿越時空的鐘聲

沿著運河，經過水壩廣場、阿姆斯特丹王宮後，我們來到安妮之家。安妮·法蘭克，應該是全世界最知名的猶太女孩。

為了躲避二戰時的納粹迫害，安妮和全家人躲在房子後的祕密閣樓中，當時的她才13、14歲。將近兩年，全家人在「不存在的房間」，像透明人般生活，不能喧嘩、開窗，不能拉開窗簾，晚上洗澡時還得小心水聲被鄰居聽見。如此卑微的活著只為求生，但一家人最後仍然被捕，安妮也在集中營過世。

▲安妮之家外的安妮塑像

全家唯一生還的父親，將安妮寫的日記出版，後來被翻譯成多國語言，以至於現在來自全球各地的參觀者，莫不好奇爭相一睹傳說中位於旋轉書櫃後通往閣樓的小型祕密樓梯。

我始終不太習慣，戰爭之下的真實悲劇，配上人聲鼎沸的參觀現場，若想避開人擠人的喧嘩，我建議不妨去旁邊的西教堂坐一會兒，靜一靜。西教堂是阿姆斯特丹最高的教堂，天氣好的話，可以登頂俯瞰整座城市。

但與其登頂，不如坐在教堂內安安靜靜地聆聽教堂鐘聲。《安妮日記》曾寫道，躲在閣樓時，教堂鐘聲是她與外界唯一的聯繫，也是她心靈的安慰。

第1站
巴黎

第2站
阿姆斯特丹

第3站
柏杯

第4站
布拉格

第5站
布達佩斯

第6站
維也納

第7站
薩爾斯堡

景點任務

漫步中世紀古老運河

在阿姆斯特丹想欣賞世界文化遺產，不必遠求，不必買門票，好好散步即可。

老辛格爾運河（Singel）作為中世紀護城河，興建於 15 世紀，在運河內的同心圓運河區，結合水利工程技術、河岸歷史、人文古蹟，被列為世界文化遺產之一。但就算沒有世界遺產加持，在運河邊散步絕對是阿姆斯特丹「必做清單」之一。

▲這樣一顆球莖，曾經被炒到足以買下一棟房子

▲花市內的商家多，提供顧客的選擇也很多

老辛格爾河運河上有全世界少見的「水上花市」辛格爾花市，在這裡可以看到荷蘭國花「鬱金香」的各種球根。據說 17 世紀時，為了獲得名貴品種的鬱金香球根，還曾引發「狂熱事件」，一顆球根可以買一棟房子！但一窩蜂炒作下，最後市場泡沫化，價格狂跌，一度造成市場混亂。

現在在辛格爾花市，鬱金香球根一顆 5 歐，種類繁多任君選擇，但攜帶任何植物種子和球根出入國境都要事先申報和檢疫，否則輕則沒收銷毀，重則罰款留下黑紀錄。鬱金香美歸美，我們決定還是純欣賞就好，因為我們在花市最重要的任務是「吃東西」！

▲花市逛到底會有一間專賣魚小吃的店

街頭老店，品嚐平民小吃

來到荷蘭若沒吃「生吞鯡魚」，就像去築地市場沒吃生魚片！

在辛格爾花市街附近的 Frens Haringhandel 販售亭，是一間有 50 年歷史的鯡魚專賣店。創辦人從流動小攤車白手起家，直到 1983 年買下今日花市旁的販售亭才有了固定攤位，但儘管生意愈做愈大，這間小店仍維持傳統，以路邊小攤形式販售最新鮮美味的醃生鯡魚（Herring）。

▲這就是著名的小吃，吃來鹹鹹的生魚片，加上洋蔥與非常脆香的酸黃瓜，三樣東西加在一起吃，味道相當特別，建議不排斥生魚肉的朋友們，可以買一個來品嚐看看，價格在 2012 年底時為 3 歐元。

醃生鯡魚的誕生，和荷蘭人「靠海吃海」有著密不可分的關係，在沒有冰箱的年代，捕獲鯡魚後，會直接殺魚醃漬以維持新鮮。「醃漬輕重」取決於供貨路程遠近，例如：近港口通常吃「綠鯡魚」，輕醃漬、成熟短、魚肉質地偏堅硬，以小鯡魚為主。遠程內陸或國際客戶，提供重鹽醃漬鯡魚，魚較大較貴，成熟期長，肉質軟嫩，通常搭配洋蔥和酸黃瓜一起食用。

第1站
巴黎

第2站
阿姆斯特丹

第3站
柏杯

第4站
布拉格

第5站
布達佩斯

第6站
維也納

第7站
薩爾斯堡

如今小攤上除了生鯡魚，還有鯡魚三明治、炸鱈魚、金槍魚沙拉等等，我建議嚐嚐純的生醃鯡魚，搭配酸黃瓜和生洋蔥吃起來非常美味，生醃鯡魚一點都沒有想像中恐怖的魚腥味，它的鮮美清爽反而令我們驚豔。

誰說荷蘭沒有特色美食，生吞鯡魚絕對值得上榜推薦！

起司大國，老街試吃

全世界吃起司最多的國家，不是法國、義大利，居然是荷蘭！

辛格爾花市裡，右邊是花市街，左邊是起司街，光是荷蘭老字

▲在辛格爾花市內，有非常好逛的起司店喔，門口擺出大塊起司，很好認

號連鎖起司專賣店 Henri Willig 在這就開了兩家。分店 De Kaaskelder（奶酪地窖）如同中古地窖，走復古路線，建築外觀上有成排的深咖啡色木門很好認。店員會穿著荷蘭傳統服飾，不過可能會拒絕拍照，記得事先詢問對方被拍攝意願。另一分店則走現代簡約風，樓上還有起司博物館可參觀。

🦋 林果經驗談

若和我一樣，身為起司新手村的初學者，面對整牆琳瑯滿目的起司不知從何下手，先別頭暈，這裡分享幾個購買小 tips 給大家。

眉角 1：入門款

可先從荷蘭知名品牌高達 Gouda 與艾登 Edam 兩種作為入門款選購。

眉角 2：看成份

起司不外乎以牛奶、綿羊奶、山羊奶製成，除了原味，再加上各種辛香料，胡椒、大蒜、香草、松露、辣椒等，產生各種口味。

眉角3：看年紀

所謂年紀，是指起司的熟成期長短，會影響口感軟硬程度。

熟成期短的 Baby 和 Young 起司口感軟，適合直接吃。熟成期愈長、口感愈硬的起司叫 Old 和 Very Old，以磨碎和丟鍋裡烹煮為主。是不是很好記？

行前排兵佈陣

解鎖城市任務

結語

▲桌面上，所有口味起司一字排開，每一種口味的起司前方都有一個小盤子，上頭擺著大片大片的起司，等著客人上門試吃，出手相當大方，如果逛花市累了，建議不妨進來品嚐荷蘭有名的起司喔

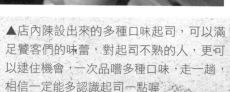

▲店內陳設出來的多種口味起司，可以滿足饕客們的味蕾，對起司不熟的人，更可以逮住機會，一次品嚐多種口味，走一趟，相信一定能多認識起司一點喔

◀走出起司店，別忘了抬頭一看，會發現令人驚奇的風景

　　據說愈老愈硬的，會愈嚼愈香，不過我個人還是比較中意軟起司。要注意的是，起司外面有一層封蠟，記得先去除再吃啊！

　　若還是無法做決定，沒關係，店內提供試吃服務，試吃到與靈魂產生共鳴再買就對了。

體驗任務

和荷蘭房東同住一個屋簷下

　　我一直以為只會和一個女房東同住，直到入住當天，看到來開門的 Leo，我們才知道，不是「一個」而是「一對」房東：亨麗和她的男友 Leo。

　　Leo 一頭及肩白髮，目測 190 公分以上的身高，讓他看起來像個「漂撇ㄟ浪子」，我們當下除了愣住，面對如此驚人的身高，防備心也隨之升起。礙於無法立即找到新住處，因此也只能硬著頭皮先進入房子再說。

▲楓糖煎餅是我們最喜歡的荷蘭美食之一，也是甜美的美好回憶

　　玄關小走廊被我們的三大件行李佔滿，Leo 像招待老朋友一樣，接待我們到客廳休息一下，並問我們是否要來點飲料和餅乾。亞洲人習慣客氣，我們連忙說不用不用，可能剛見面，Leo 也不知該如何打開話題，同樣問題，居然不屈不撓問了三次！當他問到第三次時，我突然想到：這會不會是一種西方社交方式？於是我決定回覆他：「好的，請來點咖啡和餅乾，謝謝。」瞬間感受到 Leo 的放鬆和開心。

　　Leo 端上熱咖啡和楓糖煎餅招待我們，後來這個楓糖煎餅，成了我們最愛的荷蘭甜點。楓糖煎餅又暱稱「杯蓋餅」，道地的吃法就是把煎餅放在熱咖啡杯上，像片杯蓋，利用熱咖啡的蒸氣，把餅烘熱，此時夾

心楓糖遇熱軟化，呈現半流動狀態。在冬天裡，一口甜餅，配一口熱黑咖啡，簡直超級幸福。甜甜的香氣盈滿客廳，也緩和了和外國人初見面的尷尬。

　　Leo說亨麗是電視台記者，這天剛好去跑新聞，所以由他負責接待，知道我們來自台灣，他居然翻出一片台灣菁桐火車紀錄片DVD，問說這就是台灣嗎？健談的Leo一樣也熱愛旅行，有共同話題後，我們也從緊繃到放鬆，不再覺得身高如巨人的他是危險份子。

　　我們的房間在二樓，樓梯又陡又小，三大箱行李，只能請Leo幫忙搬上去，連Leo都因為行李太重，而不得不半途停下喘口氣，一句It's really heavy，讓在場所有人都笑出來。從沒想過超重行李還有拉近彼此距離的功能。

　　房間桌上擺著歡迎我們的紅酒、咖啡，還有一小碗黑不溜丟、疑似糖果的東西，這是荷蘭人超愛的零食：甘草糖，據說愛到每年每人要嚼掉二公斤，而且他們超喜歡拿給外國友人試吃，看他們的反應，大概就像我們也喜歡看外國人吃皮蛋和臭豆腐的反應是一樣的心理。

　　若問我味道如何，只能說：是文化衝擊的味道！挑戰失敗。

台荷廚藝交流之夜

　　某天回到家中，除了亨麗和Leo之外，還有一位女性朋友，他們三人在廚房煮飯聊天，看到我們回來，非常興奮的告訴我們她去過台灣，而且對台灣的食物讚不絕口，想到行李中有果姊最愛的大溪豆干，於是決定與房東和她的朋友分享。

　　隔天，亨麗和Leo面帶困惑問我們「正確的吃法」，我們一頭霧水，豆干也有所謂的正確吃法嗎？原來，因為豆干太硬了，兩人咬不動，懷疑是不是自己的吃法有問題，還嘗試的把豆干泡到熱茶裡，豆干當然沒有變軟。我們笑著解釋它本來就是這麼硬，所以要一小口一小口慢慢的咬，愈咬愈香。兩人才一臉的恍然大悟。

　　古靈精怪的亨麗覺得我愛吃，於是提議煮幾道「道地」的荷蘭菜給我嚐嚐，雖然心裡掙扎要不要這樣麻煩人家，但能嚐到「荷蘭人」煮的「家常菜」，這種大好機會讓我真的好心動，一點都不想放過啊！於是

第1站
巴黎

第2站
阿姆斯特丹

第3站
柏杯

第4站
布拉格

第5站
布達佩斯

第6站
維也納

第7站
薩爾斯堡

我說不如我也來煮幾道「台菜」，雙方交流一下家鄉菜，亨麗非常高興，因為她朋友一直說台灣菜有多美味，讓她非常好奇。我們的晚餐之約就這樣定下了。

▲雖然都是高麗菜，但品種不太一樣，果媽說這種「尖屁股」的更好吃

晚餐之約當天，下午我們再次前往亞伯特凱普市集，想著怎樣才能在異國異地煮出台灣味？最後我們決定推出「紅蘿蔔炒蛋」和「蒜炒高麗菜」兩道菜，紅蘿蔔 0.69 歐，高麗菜一顆 0.99 歐，蛋和蒜向亨麗借一下，兩道菜共 1.68 歐，價格不貴，卻是最道地的台灣味！

煮飯是國際飲食交流 party

當天晚上一到廚房，沒想到亨麗問我的第一個問題居然是：紅酒還是啤酒？什麼？不是要廚藝 PK 嗎？怎麼先喝起酒來了！

東西方對於「做飯」這回事，態度真的是完全不同，我們做飯像作戰，講求快狠準，火候、調味、功夫一次到位，三兩下變出一桌熱騰騰的菜餚才叫真功夫；西方人作飯像開 Party 跳舞，是一種享受和閒情逸致。不同的飲食文化，在同一個廚房裡交會，我們決定入境隨俗，先為自己倒杯酒吧！啜一口酒、做一道菜，享受和新鮮食材互動的過程。

當天亨麗和 Leo 先開煮，廚房是新裝潢好的，因此 Leo 還無法很準確的掌控好烤箱火候，使他精心準備的「燉小包心菜」有點烤焦了，亨麗說這是一道很傳統的荷蘭菜餚，每個家裡的奶奶、媽媽都會做，是他們從小吃到大的家鄉味！看著一個高大的 Leo 努力煮一小盆「荷蘭奶奶級」傳統菜餚，能感受到他滿滿的心意，烤焦的小意外我們完全不放在心上。

一顆顆像大彈珠的包心菜雖然可愛，但想煮的好吃，還真是磨人。要先一顆顆切掉蒂頭，用熱水燙過，加入牛奶和碎堅果，再放進烤箱烤熟。連配角大頭菜也要先川燙，再用果汁機打成泥。一道看似簡單的菜

行前排兵佈陣　解鎖城市任務　結語

餡，原來需要這麼多道工續，做完這道菜，十幾種器具和鍋碗瓢盆，也堆滿了整個水槽。果然，做飯的男人最帥，只能說 Leo 對菜餡的那股認真勁兒真令人感動，能吃到這麼道地的菜，我們實在太幸運了！

就在 Leo 為了一道菜忙的團團轉的時候，亨麗已趁空弄了沙拉、前菜、飲料、幾道小菜，若論靈活能幹還是亨麗略勝一籌，效率堪稱一絕。而此時果媽也備好高麗菜、蒜泥、紅蘿蔔絲、蛋汁，只待下鍋熱炒一番就可完成。Leo 在一旁看到中式料理把油、紅蘿蔔、蛋全丟進鍋裡用鍋鏟炒一炒就完成了，驚奇的問：「you put everything inside?」，我點點頭，Leo 看的嘖嘖稱奇，一直稱讚這樣的做菜方式實在是太聰明了！

一樣的食材，中西吃法大不同

高麗菜、紅蘿蔔雖然不是什麼大菜，但西方人通常生吃，這是他們第一次吃炒熟的，紅蘿蔔炒蛋的甜味讓亨麗讚嘆不已，她說以後也要試著這樣煮，而 Leo 對炒熟的高麗菜也很驚訝，我說台灣的高麗菜還是從荷蘭傳到台灣的呢，

第1站
巴黎　　第2站
阿姆斯特丹　　第3站
柏林　　第4站
布拉格　　第5站
布達佩斯　　第6站
維也納　　第7站
薩爾斯堡

於是話題延伸到荷蘭人曾佔領過台灣，兩人第一次聽到這段「世界史」，馬上拿出電腦查，還查到了鄭成功來台把荷蘭人打跑，誰知，下一秒Leo 的舉動令我驚訝了，他說：「I'm sorry.」

曾經的殖民者，今日的當代責任

從來沒想過，有天會有一位荷蘭人因為祖先曾「殖民」過台灣而向我道歉。當下我非常驚訝，因為我完全沒有想要責難對方，但事後細想，卻又百感交集。

二次世界大戰歷史課都上過，但好像從來不會特別去強調：發動戰爭、侵略、殖民他國是「可恥」的行為。是否因為不去強調正視，所以至今，全球仍不斷有戰爭，仍有人被殖民。

為荷蘭殖民過台灣而道歉的 Leo，讓我印象深刻，深深沉思。

意想不到的珍貴禮物

飯局最後，我送亨麗一幅晚上趕工出來的色鉛筆畫。以她靈動的貓眼為靈感，長出彩色的植物，並在角落用中文寫上她的名字，讓我意外的是，看到畫的那一刻她感動得哭了。

想到自己入住前，還擔心是否能與房東相處愉快，現在看來，真的很慶幸自己可以有這樣交流的機會。打開心胸，有時旅行會帶來意想不到的收穫和回憶。

▲熬夜趕畫出來，送給房東的禮物

第8站
慕尼黑

第9站
弗萊堡

第10站
威尼斯

第11站
佛羅倫斯

第12站
米蘭

第13站
科倫

結語　阿姆斯特丹教會我的事

　　亨麗和 Leo 年輕時曾是嬉皮族，走南闖北見多識廣，最重要的是，能感受到他們的心非常年輕，對世界充滿好奇，就像荷蘭給我的感覺一樣，包容、開放、多元。

　　荷蘭文與英文語系相近，因此說英文對荷蘭人並不難，聊天過程中，他們除了會配合我的程度，用平易近人的單字闡述想法之外，更會耐心傾聽，只有偶爾涉及專有名詞，雙方用 google 翻譯協助一下，溝通無礙。亨麗甚至稱讚我的英文講得非常好。

　　和他們交流，讓我建立起信心，更自在自信的「說英文」，也是他們讓我了解到，人與人之間能否溝通，不在語言的流暢度，而是有沒有懂得尊重、傾聽的心。語言只是交流工具之一，肢體動作、眼神、感受也都是語言。真心想溝通，就一定找得到方法。

花費結算榜

住宿
375€
交通費
170€
門票及食費
90€

———

實際花費 =635€
計劃預算 =666€
本站總結 = 盈餘 31€
預算佔比 =5%

目前預算 = 超支 203 €

阿姆斯特丹
Amsterdam

跨 境 移

柏林
Berlin

離開當日清晨，亨麗和leo特地早起送我們，她體貼地問：「還有時間來點餅乾和熱咖啡嗎？」拜果媽是緊張大師所賜，時間充裕，亨麗看我們忙於打包行李，還特地將食物端上二樓，讓我們在房間裡享用。在荷蘭小屋中的相遇和道別，包括初見時的尷尬、不安，到後來的溫暖不捨……所有情感，都交織在熱咖啡和荷蘭楓糖煎餅中了。

亨麗有些感傷，她說，人們來，人們走，歲月的經歷讓她明白，每一次相遇，也可能是唯一的相遇，因此她總是盡可能把握相處的每

一刻。我想到前兩天，他們看我重感冒，還特地打了三杯新鮮橙汁給我們。廚藝交流之夜，我們拿出行李中的「麵茶」泡給他們吃，讓他們嚐嚐台灣味甜點，看著澆上熱水後神奇變身為咖啡色麵糊，他們不但喜歡，還用「baby food」形容。雖然我們相處的時間不長，但對彼此的關心、好奇、探索，我想，都透過食物傳達給對方了。

離開時，leo幫我們把行李抬下樓，再次說這是他這輩子搬過最重的行李時，我們都笑了。時間不停流逝，我們能做的只有珍惜相聚的每一刻。希望他們也能到台灣來，換我向他們介紹家鄉之美，帶他們去吃皮蛋、臭豆腐。

從荷蘭到德國，火車途中需轉乘一次，提前上網買票，原價70歐，早鳥到手價39歐，3人共省台幣3500元，不無小補。

旅費進度條 ‖‖‖‖‖‖‖‖‖‖‖ 60% 餘額　日程進度條 ‖‖‖‖‖‖‖‖‖‖‖ 77% 倒數

第3站　德國　Berlin

嚴謹的理性之城柏林

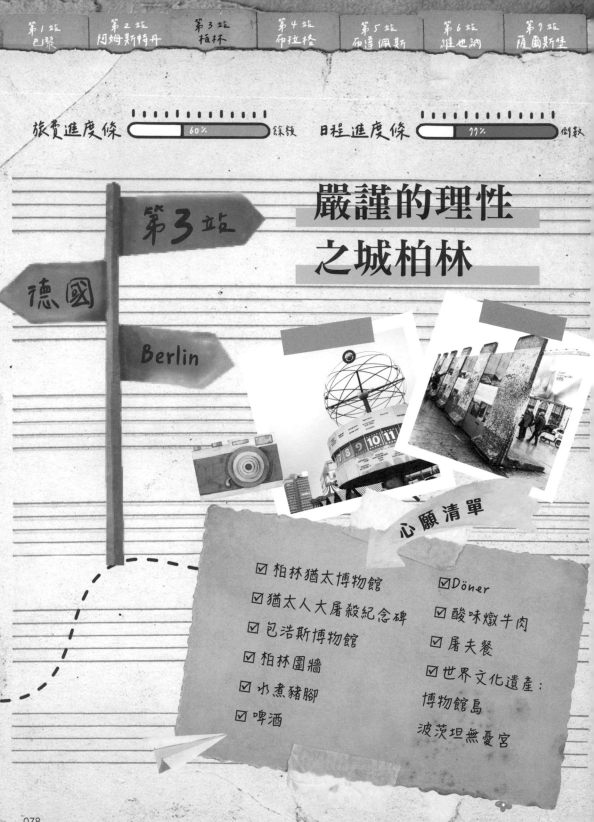

心願清單

☑ 柏林猶太博物館
☑ 猶太人大屠殺紀念碑
☑ 包浩斯博物館
☑ 柏林圍牆
☑ 水煮豬腳
☑ 啤酒

☑ Döner
☑ 酸味燉牛肉
☑ 屠夫餐
☑ 世界文化遺產：
博物館島
波茨坦無憂宮

第8站
慕尼黑
第9站
弗萊堡
第10站
威尼斯
第11站
佛羅倫斯
第12站
米蘭
第13站
科隆

行前排兵佈陣

▲ 購買 3 日博物館卡

▲ 以亞歷山大廣場站爲核心安排住宿

▲ 善用 100 號、200 號公車

▲ 各種車票依行程靈活搭配運用

▲ 盡量避免在週日到達柏林

**日程
規劃**

如果要去郊區的薩克森豪森集中營、無憂宮，因為位置偏遠，交通時間來回需耗掉二至三小時，會需要各安排一天。柏林市內景點很集中，加上 100、200 號公車幾乎串連九成景點（德國人眞的很懂規劃），所以市區移動時間很省，排除博物館之外的其它景點，步調快一點，花一至二天可參觀完。

GET 交通

「德國交通規則」絕對是所有歐洲國家中最複雜的國家，沒有之一。做旅歐攻略時，德國交通是讓我最想翻桌，但也最有成就感的挑戰。

到了當地，建議用售票機買票即可，臨櫃購買需多收手續費。雖然德國車票複雜，但售票機有圖文搭配，很好理解，買票不難。

第1站
巴黎

第2站
阿姆斯特丹

第3站
柏林

第4站
布拉格

第5站
布達佩斯

第6站
維也納

第7站
薩爾斯堡

　　但我們需先轉換一下德國交通術語：S-Bahn（類似台鐵區間車）、U-Bahn（類似台灣捷運）、公車、Straßenbahn（簡稱 Tram，類似台灣輕軌）。車票可搭乘所有交通。

祕筆記
★ 林果
售票機買票三步驟

1｜先選區域： 整個柏林分成 ABC 三區，共有 AB、BC、ABC 區三種選擇，先選好自己的移動範圍。

2｜再選票種： 德國人的車票分的很細，多達十幾種票可供選擇。有單人票、學生票、攜帶腳踏車票、團體票……旅行者常用的是單程票、單人一日票、團體票一日票這三種，建議可搭配使用。像我們家三人旅行，就可買「團體一日票」，會比買三張「單人一日票」划算。只會搭一次車的日子，例如：到達日和離開日，就買單程票。彈性分配運用。

3｜最後付款： 德國售票機很方便，零錢紙鈔都可用，也會找零。

註：如果只在柏林市內移動，購買 AB 區票就很夠用，如果要去郊區薩克森豪森集中營、無憂宮，才需購買到 ABC 三區車票。

柏林交通票價比較

	2012 年	2023 年
交通 AB 區一次票（2H）	2.4 歐	3.2 歐
交通 AB 區單人一日票	7.2 歐	9.5 歐
交通 AB 區團體一日票	15.5 歐	29 歐
交通 ABC 區團體一日票	16 歐	31 歐

BVG 官網

◆ 團體票最多可五人共乘，人愈多愈划算
◆ 一次票指二小時內有效，但不能作為來回票使用，抓到會罰款
◆ 乘車前，車票需打印日期代表啟用，否則視同逃票

GET 住宿

　　柏林中央火車站是出入柏林的交通門戶，但位於郊區，相對偏僻，並非旅人的最佳住宿地點。要想交通方便，又要省時省錢，我們有更好的選擇。

祕筆記
林果

　　亞歷山大廣場（Alexanderplatz）才是走跳柏林「正港」交通轉運站龍頭。

　　此站與中央火車站有地鐵銜接，拉著行李可直達市區。進到市區內，亞歷山大廣場是大站，與捷運、輕軌、公車相連，連觀光巴士 100 號、200 號，都必經此站。因此，挑選住宿區域時，亞歷山大廣場絕對優於中央火車站。

　　但若住廣場附近，房價貴，選擇少，於是我往廣場附近延伸，尋找「從廣場出發，只需要搭乘一次車」的住宿，果然房價降了不少。

　　若遇上房源價格相同，不知該如何選擇時，建議與其比較「距離」，不如用「交通工具法」來決定更佳。因為一搭上車，距離較無感，但行進間的方便度、舒適度會很有感。

　　在「搭一班車就能到達」的原則上，我偏愛搭乘「輕軌 > 地鐵 > 公車」。搭乘輕軌除了行李好上下車、不需要電梯之外，還能欣賞街道風景，較有悠閒感。第二名是地鐵，優勢是班次多，有益時間控制，只要能克服電梯問題，也不失為一好選擇。

🎀 林果經驗談

　　德國人做事真的很仔細，但也真的很龜毛。

　　德國房東傳給我整整兩頁 A4 的「交通指南」，幫助我們一路順暢找到民宿，但入住規矩也很多，連怎麼開窗都有規定，鑰匙還需押金 50 歐。我聽說德國開鎖、換鎖相當昂貴，所以能夠理解體諒，但連 wifi 都不分享，就難免給人小氣的感覺。但入住期間某幾天，房東又幫

我們從小雅房，免費升等為大套房。

　　該怎麼說呢，無法黑白分明地說喜歡或討厭；總之，是個謎樣的房東。

祕筆記
林果

　　想知道房源附近生活機能好不好，就看有沒有 NETTO 超市。

　　但請留意，對柏林人來說，星期日是神聖的休息日，連超市也不營業，所以到達日最好避開週日，免得無法為糧倉補貨。

　　話說我們到達時，所有商店都已經關門了，好佳在行李中還有台灣帶來的泡麵，危急時刻陪伴我們渡過柏林的第一餐。為免慘案再次發生，我們決定以後在移動日前一天，一定要事先準備一日糧食，避免剛到達新環境，面臨沒有食物可覓的窘境。

GET 博物館卡

　　博物館控們可善用柏林博物館三日卡，光是博物館島上的舊國家美術館、老博物館、博德博物館、新博物館、佩加蒙博物館，五間看三間以上，票價便可回本。

柏林博物館卡
官網

　　另外，五間博物館地點集中，館與館之間走路不超過五分鐘，因此衝博物館島的日子不需買交通一日券，搭配一次券使用更划算。請留意，柏林博物館卡需連續三天使用，記得確認、避開各館休館日，或善用夜間延長開放日。

▲柏林博物館 pass 3 日卡

解鎖城市任務

景點任務

善用 100 號、200 號觀光公車

有著大玻璃窗的 100 號、200 號雙層豪華巴士，是衝柏林景點的交通利器，無需購買特殊票券，手持單次券、一日券等，都可直接搭車，但要小心不要搭錯車，搭成 city circle 巴士，一定要認明「100 號或 200 號」的車牌。

 **林果筆記 觀光公車站牌&景點中英對照表**

註：←→為公車單邊設站時前進方向

柏林 100 號公車站牌	附近參觀景點
Hertzallee 赫查利 （→單邊設站） （起點／終點站）	攝影博物館 Museum für Fotografie 柏林藝術大學 Universität der Künste Berlin 柏林工業大學 Technische Universität Berlin
Zoologischer Garten 動物園（火車站／交通轉運站）（→單邊設站）	
Zoologischer Garten 動物園（Jebensstr 街）（←單邊設站）	
Breitscheidplatz 布萊特沙伊德廣場	柏林動物園 Zoologischer Garten、 凱撒威廉紀念教堂 Kaiser-Wilhelm-Gedächtniskirche

行前排兵佈陣

解鎖城市任務

莊語

第1站
巴黎　　第2站
阿姆斯特丹　　第3站
柏林　　第4站
布拉格　　第5站
布達佩斯　　第6站
維也納　　第7站
薩爾斯堡

柏林 100 號公車站牌	附近參觀景點
Bayreuther Str 拜羅伊特大街	
Schillstr 席爾大街	
Lützowplatz 路措廣場	
Nord.Botschaften/Adenauer-Stiftg 北方大使館 / 阿登納基金會	
Großer Stern 大角星	勝利女神紀念柱 Siegessäule
Schloss Bellevue 貝爾維尤宮	貝爾維尤宮 Schloss Bellevue（德國聯邦總統官邸）
Haus der Kulturen der Welt 世界文化中心	世界文化中心 Haus der Kulturen der Welt
Platz der Republik 共和廣場	
Reichstag/ Bundestag 國會大廈 / 聯邦議院	國會大廈 Reichstagsgebäude 布蘭登堡門 Brandenburger Tor 柏林藝術學院 Akademie der Künste 巴黎廣場 Pariser Platz 猶太人紀念碑 Denkmal für die ermordeten Juden Europas
Brandenburger Tor 布蘭登堡門	布蘭登堡門 Brandenburger Tor （菩提樹下大街上看布蘭登堡門）
Unter den Linden 菩提樹下	菩提樹下大街 Unter den Linden （約大街中段，未過洪堡大學）
Staatsoper 國家歌劇院	洪堡大學 Humboldt-Universität 倍倍爾廣場 Bebelplatz 柏林國立歌劇院 Staatsoper Unter den Linden 新崗哨 Neue Wache 德國歷史博物館 Deutsches Historisches Museum 太子宮 Kronprinzenpalais 弗里德里希韋爾德教堂 Friedrichswerdersche Kirche

第 8 站
慕尼黑
第 9 站
弗萊堡
第 10 站
威尼斯
第 11 站
佛羅倫斯
第 12 站
米蘭
第 13 站
科隆

柏林 100 號公車站牌	附近參觀景點
Museumsinsel 博物館島	博物館島：盧斯特花園 Lustgarten 柏林大教堂 Berliner Dom 舊博物館 Altes Museum 新博物館 Neues Museum 柏林古代近東博物館 Vorderasiatisches Museum 舊國家畫廊 Alte Nationalgalerie 佩加蒙博物館 Pergamonmuseum 柏德博物館 Bode-Museum
Spandauer Str./ Marienkirche 施潘道爾大街 / 瑪利亞教堂	東德博物館 DDR Museum 聖母教堂 St. Marienkirche 柏林電視塔 Berliner Fernsehturm 紅色市政廳（柏林市政府）Rotes Rathaus 尼古拉教堂 Museum Nikolaikirche 海神噴泉 Neptunbrunnen
Alexanderplatz/ Memhardstr 亞歷山大廣場 / 曼哈德大街	亞歷山大廣場 Alexanderplatz（交通轉運站）
Memhardstr 曼哈德大街（起點 / 終點站）	

柏林 200 號公車站牌	景點
Hertzallee 赫查利 （→單邊設站） （起點 / 終點站）	攝影博物館 Museum für Fotografie 柏林藝術大學 Universität der Künste Berlin C/O 柏林 柏林工業大學 Technische Universität Berlin
Zoologischer Garten（railway station） 動物園（火車站 / 交通轉運站←單邊設站）	
Zoologischer Garten（Jebensstr）動物園（Jebensstr 街→單邊設站）	
Breitscheidplatz 布萊特沙伊德廣場	柏林動物園 Zoologischer Garten 凱撒威廉紀念教堂 Kaiser-Wilhelm-Gedächtniskirche

柏林 200 號公車站牌	景點
Budapester Str. 布達佩斯特街	
Corneliusbrücke 科尼利厄斯橋	
Nordische Botschaften/Adenauer-Stiftung 北歐大使館 / 阿登納基金會	
Tiergartenstr 蒂爾加滕大街	
Philharmonie 愛樂廳	裝飾藝術博物館 Kunstgewerbemuseum 柏林愛樂廳 Berliner Philharmonie 柏林樂器博物館 Musikinstrumenten-Museum 版畫素描博物館 Kupferstichkabinett 新國家美術館 Neue Nationalgalerie
Varian-Fry-Str/ Potsdamer Platz 瓦里安弗萊街 / 波茨坦廣場	波茨坦廣場 Potsdamer Platz 索尼中心 Sony Store Berlin
S+U Potsdamer Platz 波茨坦廣場 / 公車火車轉運站	
Leipziger Straße/Wilhelmstr. 萊比錫大街 / 威廉大街	
U Stadtmitte/ Leipziger Str. 萊比錫街	柏林通訊博物館 Museum für Kommunikation Berlin 德國大教堂 Deutscher Dom 查理檢查哨 Checkpoint Charlie 御林廣場 Gendarmenmarkt 法國大教堂 Französischer Dom
Jerusalemer Str. 耶路撒冷街	
U Spittelmarkt 露天市場	
Fischerinsel 菲舍林塞爾島（博物館島）	
Nikolaiviertel 尼古拉維爾特爾 （←單邊設站）	尼古拉教堂 Museum Nikolaikirche 大麻博物館 Hanf Museum Berlin 尼古拉聖誕市集廣場 Weihnachtsmarkt im Nikolaiviertel 紅色市政廳（柏林市政府）Rotes Rathaus

第 8 站
慕尼黑

第 9 站
弗萊堡

第 10 站
威尼斯

第 11 站
佛羅倫斯

第 12 站
米蘭

第 13 站
科隆

柏林 200 號公車站牌	景點
U Rotes Rathaus 紅色市政廳	紅色市政廳（柏林市政府）Rotes Rathaus
Spandauer Str./ Marienkirche 施潘道爾大街 / 瑪利亞教堂	東德博物館 DDR Museum 聖母教堂 St. Marienkirche 柏林電視塔 Berliner Fernsehturm 紅色市政廳（柏林市政府）Rotes Rathaus 尼古拉教堂 Museum Nikolaikirche 海神噴泉 Neptunbrunnen
S+U Alexanderplatz Bhf/Memhardstr. 亞歷山大廣場	亞歷山大廣場 Alexanderplatz（交通轉運站）
Mollstr./Prenzlauer Allee 莫爾斯特大道 / 普倫茨勞街	聖尼古拉和聖瑪麗安公墓 St. Nicolai- und St. Marien-Friedhof
Mollstr./Otto-Braun-Str. 莫爾斯特大道 / 奧托布勞恩街	
Am Friedrichshain 腓特烈斯海恩	
Bötzowstr. 博佐斯街	
Am Friedrichshain/Hufelandstr. 腓特烈斯海恩 / 胡弗蘭	
Kniprodestr./Danziger Str. 丹齊格街	
Conrad-Blenkle-Str. 康拉德 - 布倫克爾街	
Kniprodestr./Storkower Str. 克尼普羅德街 / 斯托考爾街	
Stedingerweg 斯丁格威格	
Michelangelostr 米開朗基羅斯特（起點 / 終點站）	

▶▶ 林果經驗談

　　除了觀光公車，柏林的腳踏車道設置非常完整，以共享單車作為交通工具也是不錯選擇，不過行經偏僻公園或郊外時，需保持警覺，留意時間和天光，別在太晚的時間前往。

　　我們在勝利女神柱廣場時（旁邊是德國總統官邸），一個德國男人騎腳踏車經過，突然衝著我們大吼大叫，態度輕浮，好在我和果姊隨即擺出警戒姿態怒瞪他，直到他騎車離開。回到民宿後回想，我們可能是遇到「新納粹主義」（Neo-Nazis）的激進民眾。

註：何謂「新納粹主義」？儘管二戰結束多年，但其實納粹組織一直沒有在德國完全消失，新納粹主義者可說是希特勒「激進種族主義思想」的繼承者，包括反猶太、反同性戀和白人至上都是他們信奉的主義，並會歧視和攻擊少數族裔，包括猶太人、伊斯蘭，有時亞洲人、黃種人也被涵蓋在內。雖然德國和許多歐洲國家都禁止崇拜、展示和納粹相關的符號，但新納粹主義近年在世界各國仍有興起的趨勢，因此到德國旅行時，仍要時時留意自身安全。

　　如果在街上遇見新納粹主義的激進民眾挑釁的話，請不要理會，也不要露出害怕表情，保持冷靜和警戒，儘速離開現場，往人潮多的地方移動。如果到人煙比較稀少的地方，建議在白天前往，並隨時留意安全。

美食任務

百年老店 Mutter Hoppe

　　德國美食三件套，豬腳、香腸和啤酒。

　　為了一嚐最道地正宗的德式料理，我們前往號稱柏林百年老店的Mutter Hoppe。德文 Mutter 是媽媽的意思，這不禁讓我們有所期待，德國媽媽料理是什麼味道？

　　或許是「避開用餐時間前往」的魔法奏效，明明聽說是排隊名店，但現場除了我們，只有一桌客人。在服務生推薦下，我們點了水煮豬腳、酸味燉牛肉、香腸綜合拼盤，三種完全不同類型的菜餚。

第8站
慕尼黑

第9站
弗萊堡

第10站
威尼斯

第11站
佛羅倫斯

第12站
米蘭

第13站
科隆

德北的燉豬腳：水煮豬腳 Eisbein

德國豬腳很有名，但南北大不同，有點像台灣北部粽、南部粽一樣，也有南北差異。

德南有名的是烤豬腳（Schweinshaxe），德北有名的是水煮豬腳（Eisbein），將豬腳醃製水煮後再配德式酸菜。不過德國豬腳和台灣不一樣，用的不是豬蹄，而是近關節的部位，比較接近豬肘子。

水煮豬腳是 Mutter Hoppe 的代表菜，豬腳很大支，肉的份量算多，底層鋪上滿滿的淡黃色酸菜。水煮豬腳口味走清淡路線，肉質燉得軟爛，所以長輩吃也很 ok，不會咬不動。

德國國菜：酸味燉牛肉 Sauerbraten

說到德國美食，第一個想到的絕對是豬腳吧。

但有些德國人可能不同意，認為酸味燉牛肉才是真正的「國民菜餚」，甚至號稱為德國「國菜」。

據說發明酸味燉牛肉的人，是西元前一百年出生的羅馬皇帝凱撒，當年凱撒大帝率領軍隊越過阿爾卑斯山脈前往新殖民地，也就是今日的科隆，因為路途遙遠，為了長期保存食物，將肉醃在葡萄酒裡，從此這道菜便在德國流傳開來。

發展到今天，將牛肉以香料、紅酒、醋醃漬後，以煨燉方式將肉煮爛，起鍋後搭配紅色捲心菜、馬鈴薯泥、德式麵疙瘩食用。

香腸綜合拼盤：屠夫餐 Schlachteplatte

德國的香腸種類據說高達 1500 種之多，在服務生介紹下，我們決定點「香腸拼盤」，希望可以吃到更多元、不同口味的香腸。但其實服務生口中說的香腸拼盤指的是屠夫餐，跟我們認知的不一樣。

德文 Schlachten 是屠夫，Platte 是餐盤，屠夫餐源自古時沒有冰箱，所以屠夫在殺豬日為了不浪費食材，將剩下食材做成一道菜，除了豬肉，通常還有以豬血或內臟製成的血腸（Blutwurst）等等。簡單來說，就是殺豬剩下的邊角料湊成的一道菜，和想像中的美味香腸完全無關。

第1站
巴黎

第2站
阿姆斯特丹

第3站
柏林

第4站
布拉格

第5站
布達佩斯

第6站
維也納

第7站
薩爾斯堡

老實說 不會再去第二次

既有「百年餐廳」稱號，姑且相信味道是正宗道地的，但老實說飲食口味不太符合我們喜好，除了水煮豬腳尚可之外，另外兩道菜所帶來的文化衝擊，實在太過巨大，因此這裡與其說是追求美味，不如說是重在飲食文化體驗（或者是挑戰）。

不會再去的理由，除了口味不合之外，結帳時女服務生差勁的態度也是原因之一。其實前期服務一切正常，未料結帳時對方看到盤裡的發票和現金，突然衝著我們嘰哩呱啦說了一堆德文，然後拿著錢怒氣沖沖離開。我猜是因為沒有給她小費，但其實，德國沒有強制要付小費的規定。事後，我和房東聊起餐廳事件，房東說德國的確沒有強制規定，對方若因此怒罵，她還會兇回去。

若論「小費的藝術」，我認為「給小費」就和「吃甜點」一樣，必定是在心情愉悅之下心甘情願的選擇。不知為何，我突然想到巴黎的咖啡侍者，優雅、從容、淡定。我很慶幸自己做了正確決定。

Mutter Hoppe 用餐花費	
水煮豬腳 Eisbein	11 歐
屠夫餐 Schlachteplatte	11 歐
酸味燉牛肉 Sauerbraten	13 歐
汽泡水（3 人）	1.9 歐
啤酒（1 杯）	4 歐
合計	40.9 歐

▼水煮豬腳

▲酸味燉牛肉

▲屠夫餐

美食任務

不能不知道的「平價神級美食」

餐廳會踩雷，但庶民小吃永遠不會辜負你。

在柏林，是 Döner 和 Netto 超市療癒了我們的味蕾，給了我們選擇相信食物的力量！在柏林，你永遠可以相信 Döner 和 Netto 超市，但千萬別忘記，Netto 超市週日不營業。

平價神級國民小吃 Döner

如果想在柏林生存，一定要知道的神級平價美食，就是「旋轉烤肉 Döner Kebab」，簡稱「Döner」。其實 Döner 就是台灣的「沙威瑪」，但兩者等級完全不能相提並論。吃之前請三思，因為吃過歐洲的 Döner，就再也回不去了，再也無法接受台灣版的簡陋沙威瑪啊。

▲德國國民美食，必吃的土耳其嘟呢兒

嚴格來說，其實 Döner 不是德國美食，而是土耳其美食，會在德國發揚光大是因為大量中東人移民到德國的同時，也把家鄉味帶來，並深受德國人喜愛。Döner 在德國有多紅？連德國豬腳都分南北不同煮法，但 Döner 全國統一，都能看到它的美味身影。

🦋 林果經驗談

一個 Döner 價位約在 5 歐上下，以厚片麵包夾著香噴噴、散發中東香料的烤雞肉，加上各式新鮮蔬菜、醬料，不僅豐盛還很健康。重點是份量往往多到不雙手捧著吃的話，恐有打翻的風險。想吃得又美又省又飽，吃 Döner 準沒錯！

眉角1：德文 Döner 的 ö 是發「嗚」，不是「喔」，所以 Döner 發音為「嘟呢兒」。

眉角 2： 有名的 Döner 店包括 Mustafa Kebab、Rüyam Gemüse Kebab，皆各有支持者，但在德國吃 Döner 的踩雷率不高，因此我建議無需特地找，路上隨機觀察顧客手中的「成品」，看起來料多味美的，下手就對了。

眉角 3： 雖然 Döner 配料是固定的，但有的店也可以客製化，可以選醬料、辣味，有不吃的蔬菜也可跟老闆講。

眉角 4： 在麵包選項上，通常有三種可供選擇。

「Döner」類似圓形漢堡；「Sandwich」類似長條潛艇堡；「Dürüm」類似印度捲餅。建議想吃「粗飽」的話可以選前兩種，怕吃不完、胃口小的人可選捲餅。

神級平價超市 Netto 買什麼？

在德國，堪稱微波食品的天下！

舉凡披薩、烤雞、雞翅，只要你想得到的都能做成微波食品！價格還很親民。鮮食當屬牛奶和雞蛋最超值，因此我們繼續實行荷蘭策略：把牛奶當水喝，雞蛋當零食吃。

另外，我們還迷上了德式酸黃瓜，幾十塊台幣就能買一大罐，烤雞、義大利麵配酸黃瓜，就像臭豆腐配泡菜，去油解膩又開胃，絕配！

體 驗 任 務

猶太人紀念館

· 猶太人大屠殺紀念碑 · 柏林猶太博物館 ·

猶太人大屠殺紀念碑 Denkmal für die ermordeten Juden Europas

在象徵柏林國門的「布蘭登堡門」旁，一邊是被炸毀後重建的國會大廈，遊客可帶護照前往登記，預約時段，免費參觀。另一邊是猶太人大屠殺紀念碑，紀念二戰中被屠殺的所有猶太人。

在「國門」布蘭登堡門旁，建立大屠殺紀念碑，我認為有幾個重大意義。

其一，布蘭登堡門被認為是柏林市追求和平與自由的最高象徵，在國門旁建立紀念碑，自有極其重要的象徵地位。其二，當年希特勒爪牙之一：媒體宣傳部長戈培爾，大屠殺計劃不但由他策劃，而且策劃時所處的地下堡壘，就在今日紀念碑正下方。

猶太人紀念碑由 2711 個等寬、等長，但不等高的方形水泥柱組成矩陣，遠遠俯視，就像一座座無人墓碑，走入矩陣，水泥柱上沒有任何符號、名字，這種「空白」使空氣彷彿被沉默填滿，讓無聲成了最沉重的控訴。

▶ 林果經驗談

我建議參觀紀念碑時，最好一個人前往，安靜的走，讓心靜下來感受。

參觀這天，柏林剛好下著毛毛細雨，凝結在水泥柱上的雨滴流下來，就像墓碑的淚水。走入矩陣中間才發現，地不是平的，愈來愈低，人彷彿向地下陷進去，周圍巨大柱體漸漸高聳

▼猶太人屠殺紀念碑

入雲，抬頭一看，天空被石柱割裂，變成一個個連環十字架。

　　愈往深處走，石柱陣漸漸把人淹沒，感覺離天空的十字架愈來愈遠，離救贖愈來愈遠。此時，我感受到恐懼、無助、迷惘，即將滅頂。腳下的土地，就像變形的聲波，仍然扭曲著、翻滾著巨型波浪，我這才發現，石柱陣不像表面單純，參觀者走入石柱陣，就像落入死亡陷阱的獵物，被柱陣慢慢吞沒，有一種即將滅頂的感受。當年猶太人被騙，搭上前往集中營的火車時，是不是也有同樣的感覺？

　　有幾個小孩從我身旁跑過，發出一連串銀鈴般的笑聲。但一轉頭又不見人影。

　　在石陣中，空氣冰冷如刀，心情沉重如石，我決定加快腳步，走出令我窒息的石陣。這麼大的人類悲劇，可有出口？當我走出石柱陣，眼前突兀的出現一棵樹，雖然瘦弱，但綠意盎然、堅定的站在水泥地中。這就是答案嗎？

　　我本以為紀念碑只是憑弔用，沒想到卻被「設計」接收到如此豐富的抽象情緒和感受，引人低頭沉思。查了一下，此紀念碑由美國建築師彼得·艾森曼（Peter Eisenman）設計。

柏林猶太博物館 Jüdisches Museum Berlin

　　該博物館以逝去的猶太人遺物，以及倖存猶太人的故事為展覽主軸，看著展館中，陳列著逝者的照片、日記、筆記本……猶太人不再只是歷史課本中的一個「名詞」，而是一個一個活生生的人。

　　整棟博物館設計，充滿不協調、尖銳、分割線的空間，給人一種失衡、掙扎、縫補，

▲走在圓型小鐵塊上會不斷發出沉重宛如腳銬枷鎖的聲響，彷彿腳底下或大或小的臉孔正在發出低沉的哀鳴

特別是破碎的感受。除了展品之外，有兩個裝置令我印象深刻。

　　一個非常挑高的三角畸零空間，地上鋪滿厚片圓型小鐵塊，每一片鐵塊上都有一張無聲吶喊的人臉。每張臉都拚命張大嘴，卻一點聲音也發不出來。踏上鐵塊行走，踩在一張又一張吶喊人臉上，金屬互相撞擊發出的鏗鏘聲響，在安靜的博物館中顯得特別刺耳，在挑高蒼白的牆面上，無限迴盪。

　　參觀時，剛好碰上幾位德國高中男生，笑鬧聲輕浮的飄盪在本來安靜的博物館中。我無語低頭看著腳下，數千數萬的臉孔亦無語回望我。

　　另一個三角畸零地房間，是一個密室，裡頭什麼都沒有，關上門，只有我一人。遠方高牆上，有唯一一盞的燈光，架在逃生梯旁，諷刺的是，逃生梯離地起碼有二層樓高，根本摸不到。像是一種嘲笑，逃生的希望，如此渺茫。當燈光漸暗，空間被黑暗籠罩，緊張和不安像海水一樣瀰漫上來，背靠冰冷的水泥牆，恐懼促使我往角落縮去，在伸手不見五指的黑暗裡，我想到了毒氣室。黑暗中灑下的，是絕望和死亡。

　　等不及燈亮起，我幾乎是用逃的離開房間。

註：建議大家可搜尋韓國綜藝節目《赤裸的世界史》第三季中的〈猶太人大屠殺〉介紹，不失為輕鬆了解相關歷史的快速入門。

文化任務

帝國的崛起與衰弱

·波茨坦無憂宮·包浩斯博物館·柏林圍牆·

世界文化遺產：波茨坦無憂宮 Schloss Sanssouci

　　無憂宮，可視為德國版的凡爾賽宮。腓特烈大帝統治期間，於1745年至1757年在此修建了無憂宮，據說大文豪伏爾泰亦曾下塌於此。需買門票才能參觀的無憂宮其實不大，反倒是免費開放的花園面積廣大（會走到腿斷掉的那種），加上在花園裡的建築也很精彩，因此我認為花園更加值得一遊。

第1站
巴黎

第2站
阿姆斯特丹

第3站
柏林

第4站
布拉格

第5站
布達佩斯

第6站
維也納

第7站
薩爾斯堡

林果 老實說

在參觀過凡爾賽宮後，老實說，很難給無憂宮「值得一遊」的評價，因為實在太小了！一起參觀完的三個義大利女生也是一臉不可置信的說 so small ！再加上參觀時，德式「趕鴨子」模式嚴格管控，同梯遊客必須團進團出，一個房間關上門後再開下一個房間，因此每個房間無法多待、細細欣賞，只能走馬看花，參觀時間大約半小時左右就會參觀完畢，想拍照還需另外付費。（但所有遊客都拿手機偷拍就是了！）

我和果姊不太喜歡「趕鴨子」參觀法，還是比較懷念法國隨你看到飽的自由開放。不過像這樣經歷不同的經驗，進而了解「原來我喜歡這樣，不喜歡那樣」，我認為這個過程也是旅行中非常重要的事。

▲無憂宮戶外建築比室內有看頭

設計人必訪的包浩斯博物館 Bauhaus Archive

包浩斯設計學校創立於 1919 年，因政治和納粹崛起等原因，於 1933 年解散，雖然只歷經短短十四年，但對現代設計理念影響巨大，因此初始作為學校名稱的「包浩斯」三字，演變到當代已成為設計界不可不知的設計流派。

包浩斯在德國威瑪創立，經過摸索期，十多年後初具雛形，成熟期的包浩斯，最後兩年落腳柏林，因此位於柏林的包浩斯博物館不但藏品豐富，也是許多設計人到柏林的必訪之地。

比較可惜的是，包浩斯最終因納粹懷疑該校「政治不正確」，於是將其封殺解散，這也迫使學校創辦人沃爾特・格羅佩斯和許多教師紛紛前往美國，繼續發揚建築設計理念，後來對美國當代建築產生深遠影響。

其實包浩斯提倡的設計精神，我們並不陌生，例如：形隨機能，忠於材質，結合工業，生產實用又好看的產品，最重要的是：大眾負擔得起的價格。聽起來是不是很熟悉？沒錯，IKEA 和無印良品就是該理念最佳實踐品牌。簡約設計，以機能出發，捨棄多餘裝飾和包裝，讓價格簡約宜人，人人都能消費擁有。

包浩斯博物館不止展出展品，整棟建築也體現著包浩斯的設計精神：形隨機能，更棒的是有中文導覽器，就算不是粉絲也不會看不懂。來這裡走一趟，對包浩斯絕對會有更深入的了解。

看不見的柏林圍牆 Berliner Mauer

在柏林尋找柏林圍牆，追訪東西德歷史遺跡，似乎是到柏林必做的事。

你可以到柏林圍牆上尋找世紀之吻 Brotherly kiss 藝術塗鴉，像許多遊客一樣在藝術畫作前拍各種搞怪的照片，或是到查理檢查哨（進出東西德檢查點），和各國遊客一樣，和穿著蘇聯、美軍制服的軍人比 YA 拍照，一張 5 歐。如果喜歡蓋章，波茨坦廣場也擺了幾片「圍牆」，搭配圖說與文字展出，這裡一樣有人扮演軍人，幫你在明信片上蓋章，一次 3 歐。

　　今日的柏林圍牆，少了肅穆，多了幾分娛樂氣氛和觀光收費項目，我也不知是好還是不好。

　　其實柏林還有一種圍牆，可以避開人潮。

　　在布蘭登堡門與國會大廈之間，注意觀察馬路上，有一條用兩塊磚鋪成的「線」，你看不到它從哪裡延伸過來，也望不到它延伸到哪裡去，它不是裝飾，不是車道線，而是當年柏林圍牆的位置。

　　這一段，是我最喜歡的柏林圍牆。

　　以一種最安靜的方式，像一道疤，一個刺青，烙印在城市身上。這條線的存在感很低，卻又總在最不經意的時候跳出來提醒：永遠不要忘記歷史的教訓。我們可以輕輕地踩過地上的線，但永遠無法知道，踩過的是多少人的痛。

▲地上兩排磚線正是柏林圍牆的路徑

結語　柏林教會我的事

德國新生兒少，老齡化僅次於日本，為了鼓勵生育，連德國交通局也配合政策，用車票「花式催生」。

還記得德國交通車票中的「一日團體票」，最多可同時五人使用的規則嗎？如果想平攤更少的交通費，定會想辦法約滿五人出遊吧，無形中，不就創造更多人與人之間，約（連）會（結）的機會嗎？想生子得先結婚，想結婚就要先約會；德國人是從根本處解決問題啊！

結了婚，生愈多，開銷愈大？不，在德國，生一個和生十個一樣。

養小孩，最大開銷：食費、學費、出遊費。食費，德國政府補貼兒童每月生活費 200 歐。學費，從幼稚園到大學全由政府買單。出遊費，「一日團體票」的「家庭版」：由父母或祖父母帶頭，無論幾個小孩，全用一張團體票即可。

能將「鼓勵生育」一句口號，落實到生活細節，加上配套措施，是一記漂亮的組合拳，在多如牛毛的規則背後，讓人看見德國人的感性，是建立在理性之上。

花費結算榜

住宿
368€
交通費
246.5€
門票及食費
220.5€

實際花費 =835€
計劃預算 =888€
本站總結 = 盈餘 53€
預算佔比 =7%

目前預算 = 超支 150 €

柏林
Berlin

跨 境 移 動

布拉格
Prague

Departure:

07:30

from

erlin ZOB Am

Funkturm

Arrival:

12:00

at

Prague ÚAN Florenc

　　首次挑戰搭乘「歐洲巴士」的我們，出師不利。

　　冬日清晨，夜黑風高的柏林街上，我們被 google map 誤導，搞錯車站位置，又是迷路，又下錯車站，還找不到路人問路。三個小女子拉著行李夜遁逃，心裡焦急萬分，google map 上步行十分鐘的路程，感覺像走了一輩子如此漫長。好在最後遇見許多好心人指引，趕在發車前終於到達巴士車站。原本四十五分鐘的路程，足足花了兩小時才到達，在人生地不熟的異國，移動日真的要提早出發，才能及時應對突發狀況。

　　巴士車票原價22歐，特惠票5歐到手。從柏林去布拉格，居然不用台幣200元，實在令我羨慕歐洲人。

　　雖然巴士很便宜，但服務可沒縮水，4.5小時車程，車上配有兩位司機輪流開車，防止疲勞駕駛，出發前，每人還發一瓶水和小餅乾。折騰一早上，終於安心啟程，旅程繼續。

　　遠方天空漸漸亮起，離開柏林這天，我們看到柏林的日出。

旅費進度條 ▭▭▭▭ 53% 餘額　日程進度條 ▭▭▭ 68% 倒數

第4站 捷克　Prague

夢幻童話小鎮 布拉格

心願清單

☑ 老城廣場聖誕市集
☑ 露天建築博物館散步
☑ 參觀皇宮
☑ 牛排

☑ 肉桂捲
☑ 匈牙利湯
☑ 世界文化遺產：
　布拉格老城區

行前排兵佈陣

▲此站選有洗衣機的民宿

▲地鐵最方便的是紅線，可選住紅線附近

▲輕軌電車比地鐵好用，可選住輕軌電車 12 和 17 號路線附近

▲善用輕軌電車 Tram12 號（行駛左岸皇宮區）

▲善用輕軌電車 Tram17 號（行駛右岸國家劇院區）

▲不買布拉格城市卡

▲收費景點不一定要進去

日程規劃

城堡皇宮區門票為二日券，喜歡深慢遊的人可以安排兩天慢慢欣賞。再依想參訪景點、教堂安排日程，一至三天都算合理。另外建議一定要安排一天時間在老城區裡悠閒漫步。

布拉格有很多私人營業、奇奇怪怪名目的博物館，不確定性價比如何，建議先上網參考網友評價和照片，再判斷是否前往。

布拉格相對其它歐洲城市，物價低廉，住宿、飲食都便宜，老城區美得像童話，走到哪都是古蹟，建議可多停留幾天，好好探索感受這座歐洲夢幻小鎮。

第 1 站
巴黎　第 2 站
阿姆斯特丹　第 3 站
柏林　第 4 站
布拉格　第 5 站
布達佩斯　第 6 站
維也納　第 7 站
薩爾斯堡

GET 交通：布拉格車票

　　布拉格移動主要用兩種交通工具：地鐵和 Tram（類似台灣輕軌）。

　　布拉格地鐵只有三條線，不是很方便，我更推薦搭「布拉格老電車」：Tram。

　　有著百年歷史，加上米白配朱紅色的外觀，不僅可愛又有當地特色的老電車，直到今日，仍是布拉格市的重要交通工具。車次密集、有時刻表，還能看風景，在布拉格搭 Tram 成了我們最愛的移動方式。

　　一日票在手，走累了就隨興跳上一台 Tram，坐著休息還能看風景。坐到末站再往回坐就好，不用怕迷路。

　　Tram 和地鐵車票是通用的，以「時間」分類。例如：30 分鐘票，可先搭地鐵（10 分鐘），再轉搭公車（20 分鐘），只要在 30 分鐘內，不限工具，都可搭乘。另根據布拉格新車票規則，拉行李搭車需加買行李票。

布拉格車票價格

票種	2012 價格	2023 價格	行李票
單程票／30 分鐘內	24 CZK	30 CZK	20 CZK
轉程票／90 分鐘內	32 CZK	40 CZK	20 CZK
1 日票／24 小時	110 CZK	120 CZK	可免費攜帶一件大行李
3 日票／72 小時	310 CZK	330 CZK	可免費攜帶一件大行李

行前排兵佈陣

解鎖城市任務

結語

註 1：日票以「小時計算」，例如：早上 9 點開始使用，可用到
　　　隔天早上 9 點

註 2：一日票和三日票價差不大，多用一日券搭配一次券使用，
　　　彈性更大

註 3：65 歲以上長輩免票，60~65 歲長輩和 6~15 歲孩童半價，
　　　外國人也適用，但要出示護照

註 4：非使用「日票」乘車時，要為行李買行李票（行李大於 25
　　　x 45 x 70 公分）

布拉格交通官網

GET 住宿

　　我推薦來布拉格一定要住老城區，別被老舊的街道景觀嚇到，這是
因為二次大戰中，布拉格是少數避開轟炸的幸運城市，因此市內建築保
存完好，所以也是全世界第一座被聯合國認證為「世界文化遺產城市」。
　　住在老城區，等於住在世界遺產裡，這麼棒的機會值得體驗。

秘筆記
林果
★ 布拉格高 CP 值住宿區

　　老城區看起來雖然老舊，但是交通方便，治安、性價比都不錯。

　　我在布拉格住第 7 區，上 google map 搜尋「拉皮達瑞宮」
（Lapidárium Národního muzea）至「國家科技博物館」（Národní tech-
nické muzeum）這一帶就是布拉格的第 7 區。此區偏向住宅區，物價比
觀光區還要便宜些。我在觀光區買的慕夏畫冊 600 克朗，結果在附近書
店發現一模一樣的畫冊，居然只要 399 克朗！真是讓我搥心肝。

這裡優點是晚上安靜，白天出門跑行程，有眾多交通工具可選擇，我個人最推 Tram12 號和 Tram17 號，無論要去老城區的右岸還是左岸都很方便。地鐵紅線也有經過，從 Vltavská 站搭乘，可一路通往布拉格火車總站、國家歌劇院、國家博物館，轉地鐵黃線、綠線也方便。

不過老城區晚上街燈較暗，人煙稀少，建議到達日盡量安排在白天，晚上少出門，若有夜遊行動，盡量挑熟悉的大路走。

🦋 林果經驗談

在布拉格買菜，首推 Albert 超市，物價便宜到不可思議，不逛絕對會後悔。

捷克也是畜牧國家之一，牛肉品質優，價格便宜，選有廚房的住宿，回家每天煎牛排吃是不錯的選擇。

另外，建議有時間不妨在民宿附近散散步，看到以下字樣：麵包（Pekařství），熟食（Lahůdkářství），甜點糖果（Cukrárna），即便店外看起來暗暗的也別害怕，尾隨當地人身後，進去一探究竟，這種當地人生活的飲食小店物價不貴，換算下來，價格與台灣差不多，又能深入體驗當地人生活，是充滿魅力的小店。

GET 裝備：歐元換克朗

到當地第一件要做的事，就是將歐元換克朗（CZK）。前往捷克雖然免簽，但不能使用歐元，當地仍使用捷克國幣「克朗」，在巴士車站就有兌換處，和市區換匯所相較匯率更好。如果不確定該匯率是否較佳，建議可先換取當下所需金額，待確定找到好的換匯所後再大額換匯。

第8站
慕尼黑

第9站
弗萊堡

第10站
威尼斯

第11站
佛羅倫斯

第12站
米蘭

第13站
科隆

解鎖城市任務

美食任務

東歐童話城美食探險趣

· 肉桂捲 · 哈維爾市集 · 布拉格傳統菜餚

神級國民小吃肉桂捲 Trdelnik

　　不分年齡，在布拉格最受歡迎的小吃，絕對非肉桂捲莫屬。肉桂捲一個約 50 克朗，在聖誕市集排隊買肉桂捲時，不知不覺，發現我們居然被布拉格的小朋友們包圍了！

▲肉桂捲是聖誕市集中最受小朋友歡迎的美食

第1站
巴黎　第2站
阿姆斯特丹　第3站
柏林　第4站
布拉格　第5站
布達佩斯　第6站
維也納　第7站
薩爾斯堡

肉桂捲就是要熱呼呼的吃，把肉桂捲拉開後，會變成一條麵包彩帶，熱熱軟軟的麵包，上面灑有脆脆的糖粒，一口咬下，嘴裡會發出咔啦咔啦的聲響，肉桂的香氣讓身體整個溫暖起來。

若沒有聖誕市集，在查理大橋左岸、右岸，也有肉桂捲連鎖店 Trdlo。連鎖店的肉桂捲，有各種口味、變形版，在圓圈內塗巧克力醬、放冰淇淋、蘋果醬等，但巧克力和冰淇淋遇熱易融化，一邊吃，要一邊鬥智鬥勇玩「不滴落」遊戲。

秘筆記
林果

其實肉桂捲並非捷克專屬的國民小吃，而是一種老式波西米亞甜點。「波西米亞」是古中歐地名，經過歷史演變，波西米亞成了今日的捷克、匈牙利，因此除了捷克，匈牙利也有肉桂捲。在捷克開放觀光後，肉桂捲頗受遊客歡迎，漸漸成為捷克國民小吃代表。

捷克文 Trdelnik，英文翻作 chimney cake，所以也有人將之稱為煙囪捲。特色是烤的時候，麵團像蛇一樣，以「一條」不斷捲繞、纏到鐵棒上（trdlo）。傳統烤製的「火」很講究，必須用煤炭或明火上烘烤，最後在外層沾上三大食材：糖粒、肉桂粉、堅果粒，就正式大功告成。

淡淡的感傷・哈維爾市集 Havelské tržiště

哈維爾市集始於 13 世紀，是布拉格老城區中，著名並有悠久傳統歷史的市集。不過如果抱著想要感受歷史傳統和古老氛圍而前來朝聖的話，恐怕要讓人大失所望了。因為市集範圍縮水不少，「市集區」由三條街縮減到只剩一條街，大約只剩三十幾個攤位，走完一圈只要十五分鐘。更令人失望的是，販售商品被觀光化，已失去當地獨有特色。

▲哈維爾市集是有歷史的老市集，可惜已觀光化，看不見獨有特色

林果 老實說 不用特地前往

被「歷史悠久的傳統市集」吸引過去的我，本以為是當地人買菜、買肉的傳統市集，沒想到卻只看到觀光化後千篇一律的旅遊紀念品：巧克力禮盒、提線木偶、風景盤、浮雕杯子、風景照片、水果攤、造型磁鐵……傳統市集的美好氛圍，已被淹沒在工廠製造的量販品中。

如果想買觀光紀念品的話，在市集購買的優點是明碼標價，較不會被當肥羊，但若想買菜，這裡可直接跳過。

14 世紀老房子餐廳：布拉格傳統菜餚

烏茲拉特霍・斯特羅姆酒店（Hotel U Zlatého Stromu）是布拉格四星級酒店，建築外觀雖然不太起眼，但歷史可追溯至 14 世紀，一樓的查理餐廳（Charlie's Ristorante）專門提供傳統的捷克和外國菜餚，特別的是，這裡是布拉格少數 24 小時營業的餐廳和啤酒吧。

14 世紀的老房子餐廳很有懷舊氣氛，但經營很現代化，菜單附有照片，讓點餐零障礙。我們點了半雞與自製義大利麵、烤蝸牛、鮭魚、匈牙利燉牛肉湯、啤酒，最後以三色聖代：巧克力、莓果、香草佐苦艾酒的冰淇淋，作為華麗的 ending。這裡的餐點雖稱不上頂級美味，但至少不踩雷，身處觀光區價格卻平易近人，整個用餐過程是個愉悅體驗。

　　大概有很多亞洲遊客來過吧，男服務生貼心的附上分食盤子和刀叉，店內適逢非用餐時間，除了我們，只有一位金髮女孩，男服務生一邊工作一邊和金髮女孩眉來眼去傳情。我覺得很有趣，這是繼巴黎之後，再次見識到西方人如何「用眼睛交流」的布拉格版。

　　我們藉上廁所名義，行地下室參觀之實。據說在中古歐洲時期，伏爾塔瓦河經常氾濫，為了防淹水，布拉格房子基層土石堆得愈來愈高，最後，原本的一樓和廊道，漸漸成了地下室。若想鑑定房子的年份，看地下一樓的建築樣式即可知。一下樓，又厚又重的圓型拱頂造型，讓空間有種神祕的洞穴感，正是標準的仿羅馬式風格。

　　布拉格人的賺錢腦筋動得快，地下室不做倉庫使用，到了晚上搖身一變，成為夜生活愛好者的金樹音樂酒吧（Zlatý strom music bar）。

用餐花費（克朗）	
半雞加自製義大利麵	199
吃不飽的烤蝸牛六顆	139
鮭魚料理	215
匈牙利燉牛肉湯（Goulash）	79
啤酒	79
三色聖代冰淇淋	79
合計	790

790 克朗 =32 歐 =1200 台幣

▲位於查理大橋旁的 14 世紀老屋
餐點不貴，是個用餐休息的好地方

文化任務

熱愛植物芳療的布拉格

國民芳療品牌菠丹妮 Botanicus

　　菠丹妮是捷克的國產品牌之一，布拉格又是品牌創始地，在布拉格買菠丹妮，和台灣價差有時高達一到五折，難怪每個來到店裡的遊客，都在店裡瘋狂大採買。在老城廣場泰恩教堂的後方小巷子中，就有一家專賣店，小巷子不好找，需要仔細留意，但穿過巷子就能看到招牌。

　　菠丹妮品牌強調有機、尊重自然，在拉丁文中 Botanicus 意指「植物」，加上有 300 公頃農場做後盾，讓菠丹妮「自己的花可以自己種、自己摘，自己提煉、自己銷售」，從種植到生產一條龍，嚴格把關，強調 100% 純天然。

　　我們原本只是抱著「看看」的心理，還互相提醒千萬不能失心瘋，沒想到一入店裡深似海，在店裡被其它來旅行的台灣人惡補加洗腦後直接淪陷。店裡有台灣人店員，因此不用擔心語言不通，退稅也很方便，超過一定金額就能直接在店內辦理退稅。

▲國民芳療品牌菠丹妮，小心一入坑就會失心瘋

捷克國民品牌曼菲羅 MANUFAKTURA

在捷克，除了菠丹妮，強調天然有機的品牌還有曼菲羅。

兩者不同在於，曼菲羅除了強調有機，同時以復興捷克傳統手工藝為己任，除了販售芳療產品，還有傳統手工藝製作的木湯匙、娃娃、手繪彩蛋。

▲捷克國民品牌曼菲羅，除了芳療產品還販售許多手工藝品

當年布拉格向全世界開放觀光後，該品牌創辦人發現遊客們對捷克傳統手工藝品很有興趣，但同時做工藝品的師傅卻瀕臨滅絕，於是創辦人聯合 250 名小工匠和民間藝術大師、傳統技藝的傳承者，收購並銷售製作優良的手工藝品，希望能將布拉格傳統工藝傳承下去，發揚光大。

林果私推薦 啤酒乳液

歐洲冬天氣候乾燥，帶過去的保養品可能不夠滋潤時，可考慮在當地購買，比較符合當地氣候需求

在曼菲羅店裡，有一種用捷克啤酒花製作的「啤酒乳液」，店員金髮小姊姊說特別保濕，一罐 175 克朗（約台幣 260 元），乳液瓶身還設

第8站
慕尼黑　　第9站
弗萊堡　　第10站
威尼斯　　第11站
佛羅倫斯　　第12站
米蘭　　第13站
科隆

計成可愛的啤酒罐造型，使用起來真的很保濕，還沒回國前就被我用完了，真後悔沒有多買幾瓶。

城市任務

一眼千年：歐洲露天建築博物館

　　全世界大概很難有一個城市像布拉格一樣，將公元 10 世紀到 20 世紀的建築精華，全部濃縮在一個城市裡。站在高處向下俯瞰，古蹟建築之多，讓布拉格有著「百塔之城」的美名。

　　在中古歐洲，建築牽涉的不只是美學，更是政治角力、國家經濟實力的展現，就像路易十四的凡爾賽宮，在沒有媒體、網路的時代，建築就是國王權力的代言人。

布拉格的兩大建築時代

　　在前往露天博物館欣賞建築前，我們需要先了解一下，為什麼布拉格有這樣的資本和條件，成為今日所看到的百塔之城。

「黃金時代」

　　布拉格的第一個王朝，由普熱米斯爾家族建立，但將地位推到最巔峰的，非查理四世莫屬。身為神聖羅馬帝國的國王，查理四世下令將首都遷往布拉格後，間接使布拉格（當時稱波西米亞王國）在 14 世紀成為最強國家、最強城市，也迎來它的黃金時代。

▲火藥塔是典型的哥德建築

因為查理四世的遷都，布拉格開始大量建設。加上當時流行哥德式建築，於是一支支尖塔拔地而起，終於建成今日看到的「百塔之城」。

這座百塔之城從此躍入世界之眼，為城市帶

▲喜歡泰恩教堂黑色尖塔，讓我想到迪士尼的黑暗城堡

來歷史上的榮耀時刻，在歷史上無人能超越查理四世對這座城市的貢獻。因此在查理四世逝世六百多年後，2005 年在捷克人票選下，他仍然是當地人心中「最偉大的捷克人」。

「粉紅時代」

當波西米亞王國被哈斯堡家族推翻後，布拉格建築卻反而再推高潮。

一反黑暗、尖塔、尖柱的哥德風，巴洛克華麗奢靡，洛可可甜美繁複，一波波粉紅浪潮來襲，以柔克剛，將高聳入雲的黑色尖塔，以法式的感性柔美妝點，為它帶來新的光亮，因此造就布拉格獨特的建築風格：一棟建築有二種以上風格同時存在。

▲金榔頭飯店的前身，是卡夫卡父親經營的第一家店

第8站
慕尼黑　第9站
弗萊堡　第10站
威尼斯　第11站
佛羅倫斯　第12站
米蘭　第13站
耕隆

「露天建築博物館」開箱文

　　在這座露天建築博物館裡，有兩件只有布拉格能做到的事。第一，站在老城廣場 360 度轉一圈，一眼千年。第二，相差幾百年的異風格建築，可能比鄰而居，甚至融合為一。如果你也常常被哥德式、巴洛克、文藝復興風格，飛扶壁、穹頂、山形牆等專有名詞弄得頭暈腦脹，在布拉格街頭上一堂建築尋寶課，保證一秒看懂流派差異。

一分鐘，秒懂建築風格

仿羅馬式	拱頂，厚牆，粗柱，造型樸實無華
哥德式	尖頂，瘦長，細柱，單一建材（通常是石材）
文藝復興＆新文藝復興	山形牆，列柱，對稱，簡約，比例，多媒材組合
巴洛克＆洛可可	曲線繁複，多彩華麗；洛可可愛用黃金
新藝術	運用新材料，例如鑄鐵、玻璃。常將人物結合花草，代表人物：慕夏

註：巴洛克和新藝術風格有點接近，偏繁複，不知如何分辨時，可從材料判斷，例如：巴黎地鐵站出口，綠色鋼鐵、彎來彎去、強調自然有機曲線的風格，正是新藝術的特徵。

第 1 站
巴黎　　第 2 站
阿姆斯特丹　　第 3 站
梔杯　　第 4 站
布拉格　　第 5 站
布達佩斯　　第 6 站
維也納　　第 7 站
薩爾斯堡

林果秘筆記　一分鐘，秒懂布拉格尋寶地圖！

波西米亞王國		
建築風格	仿羅馬式	哥德式	文藝復興式
時間	11 世紀	14 世紀	15 世紀末
政權 / 推手	普熱米斯爾王朝	盧森堡王朝 / 查理四世	雅蓋隆王朝
代表建築	◆ 城堡區聖喬治教堂 ◆ 高堡聖馬丁教堂 ◆ 席克斯之屋	◆ 聖維塔教堂 ◆ 火藥塔 ◆ 泰恩教堂 ◆ 舊市政廳 ◆ 查理大橋 ◆ 查理大學 (殘存窗台) ◆ 石鐘之家 ◆ 城堡區維拉迪斯拉夫大廳 ◆ 聖高拉斯教堂 (融合巴洛克) ◆ 聖托馬斯教堂 (重建巴洛克)	◆ 一分鐘之屋 ◆ 石羔羊之家 ◆ 金井之屋 ◆ 兩隻金熊之屋 ◆ 城堡區皇家花園 　安娜皇后夏宮

波西米亞王國			
建築風格	巴洛克 / 洛可可式	新文藝復興式	新藝術式	後現代解構主義
時間	16 世紀	18 世紀末	19 世紀末	20 世紀
政權 / 推手	哈布斯堡王朝			
代表建築	◆ 克萊門特學院 ◆ 聖詹姆斯教堂 ◆ 小區聖尼古拉教堂 ◆ 老城區聖尼古拉教堂 ◆ 葛茲金斯基宮 ◆ 城堡區蘿瑞塔教堂 ◆ 城堡區騎士學校 ◆ 城堡區聖十字教堂 ◆ 史特拉霍夫修道院圖書館 ◆ 克拉姆‧葛拉斯宮 內部裝飾： ◆ 泰恩教堂 ◆ 聖維塔教堂	◆ 艾斯特劇院 ◆ 國家劇院 ◆ 國家博物館 ◆ 魯道夫音樂廳 ◆ 石聖母之屋	◆ 瓦次拉夫廣場 ◆ 捷克商務部 ◆ 市民會館 ◆ 巴黎大飯店 ◆ 歐洲大飯店	◆ 跳舞的房子

註：紅線字為老城廣場周邊建築

第1站
巴黎

第2站
阿姆斯特丹

第3站
柏林

第4站
布拉格

第5站
布達佩斯

第6站
維也納

第7站
薩爾斯堡

◀文藝復興式石羔羊之家

▼現為政府商務部辦公室的
明黃色建築,是新藝術建築
的代表作,屋頂上有純金鋼
盔,兩旁是消防員及受難者
雕像

第8站
慕尼黑

第9站
弗萊堡

第10站
威尼斯

第11站
佛羅倫斯

第12站
米蘭

第13站
科隆

▶ 走在這座露天建築
博物館中，只要多留
一點心，就能欣賞到
各種不同建築風格，
能否正確辨認是其
次，重點是享受欣賞
的樂趣

就算記不住也沒關係，「正確性」並不是最重要的事，好好享受在
街上「尋寶」的樂趣，才能「正確開箱」喔。

林果私推薦 與歷史建築玩遊戲

散步時，不妨將建築兩兩 PK，增添這堂建築課的樂趣，不過並不
是真的想讓建築一分高下，而是一場自己和城市間的私密小遊戲，抱著
這樣的心態，戴好帽子，一起出發吧。

街頭 BATTLE：【席克斯之屋】&【石聖母之屋】

「仿羅馬＋巴洛克」 PK 「哥德＋新文藝復興」

　　席克斯之屋（The Sixt House）是一棟可追溯至 12 到 13 世紀的老屋，不過若想看到仿羅馬式的建築特色，可能得往地下室走走。仿羅馬式的特色是石質結構、厚牆、圓形拱頂，如果在席克斯之屋看不到也沒關係，在老城區逛的時候，多留意店鋪一樓的牆、屋頂造型，並不難發現。

　　席克斯之屋在 16 世紀擴建哥德式翼樓，18 世紀後又在外觀添加了巴洛克裝飾。此屋最有名的兩位房客，一位是 5 歲的卡夫卡，另一位是歷史政治「丟窗事件」，被丟出窗外的菲利普‧法布里修斯（Philipp Fabricus）從此在布拉格政壇失勢，逃往維也納，因此這裡又被稱為「失勢之屋」。

　　在它右邊的石聖母之屋，是典型的新文藝復興風格，特色就是有三角形的山牆，柱列式，左邊二樓混搭一個個小小的哥德風凸窗，如何判

▲石聖母之屋的彩色壁畫非常好認。一樓因有聖母石雕而得名，二樓小窗則融合各種建築風格特色，是老城廣場中醒目的建築之一

斷是哥德風？看到尖尖的屋頂就是了。石聖母之屋的名稱，來自右邊一樓有座石聖母。如何確定是新文藝復興而不是文藝復興呢？來自於新材料：鑄鐵窗的運用。新文藝復興年代在巴洛克後面，兩者最大的不同，我認為在於巴洛克是「立體華麗派」，新文藝復興則是「平面華麗派」，大面積的壁畫是最好辨認的特色，牆上畫的是波西米亞第一位國王瓦茨拉夫，帶領宗教軍團出征的故事。

無論是失勢之屋還是石聖母之屋，兩棟建築都有二到三種風格的融合、變形，但整體來說，兩者 PK，我更喜歡石聖母之屋，哥德窗、新鑄鐵、濕壁畫，彼此拆開單獨看都很出色，組合一起又巧妙融合，每種元素比例恰到好處，形成一種不對稱的協調，又能保持獨特風格。

失勢之屋雖也融合了三種風格，不過仿羅馬和哥德的元素較少，在建築外觀立面無法清楚看到兩者存在，反而是巴洛克很搶戲，比較感受不到融合後的新趣味。

街頭 BATTLE：【葛茲金斯基宮】&【石鐘之家】

「哥德 + 文藝復興 + 洛可可」PK「純哥德風」

葛茲金斯基宮原本為哥德式建築，後來改造成文藝復興式，所以在正面上可以看到三角形山牆、列柱式排面，光是這樣還不夠，洛可可時代，再度添加華麗裝飾，讓葛茲金斯宮外觀繁複如同蛋糕的美麗裱花。葛茲金斯基宮融合四百年來所有流行元素，閃亮華麗，偏

▲葛茲金斯基宮，亦是布拉格國立美術館的分館，改建後外觀的山形牆加上曲線花草人物裝飾，是文藝復興或新文藝復興的典型標準配備

121

偏旁邊巷弄轉角，站著一棟樸素至極的石鐘之家。

　　石鐘之家不難找，牆角上一座石頭小鐘，是它名字的由來，石鐘之家從 14 世紀開始，六百多年來始終如一，純哥德，純斑駁石牆，純淺米白石材拼貼。兩者一個華麗，一個素雅，強烈反差，精彩對比！最終抉擇環節，咚、咚、咚……我更喜歡石鐘之家！

　　在華麗的葛茲金斯基宮旁，石鐘之家就像個灰姑娘，存在感極低。但正是這種不喧嘩、不張揚的風格，優雅內斂，反而更耐看，值得細品。單一色彩，單一材質，脂粉未施，歷經六百年風韻猶存。鏤空雕刻的石花窗，讓我想到美麗的剪紙花窗，但別忘了它的材料是石材，在最簡單的平面上，變化最複雜的花形，純粹又繁複，加上毫無矯飾的斑駁石材，是恰到好處的平衡，也彰顯歲月時光在它身上沉澱出的歲月風華。

街頭 BATTLE：【一分鐘之屋】&【舊市政廳】

「文藝復興」PK「哥德式」

　　在舊市政廳的左手邊，一棟黑白牆面的凸出建築就是一分鐘之屋。與石聖母之屋的彩色壁畫不同，如同素描般的黑白刮畫，是 15 世紀流行的文藝復興風格的裝飾手法，稱作 Sgraffito，源自義大利文「刮擦」之意，中文翻作「灰泥刮畫」。

　　「灰泥刮畫」的工法是先在牆面塗上兩層對比色的灰泥，然後將

▲一分鐘之屋素描般的黑白刮畫，是 15 世紀流行的文藝復興風格的裝飾手法

第8站
慕尼黑
第9站
弗萊堡
第10站
威尼斯
第11站
佛羅倫斯
第12站
米蘭
第13站
科隆

草圖拓上牆面，再透過「刮」的動作露出底層色彩，簡單來說，有點像刮刮樂的原理。相對哥德、巴洛克為了展現非凡氣勢，拚命逐層疊加，華麗還要更華麗，刮畫較像低調內斂的「減法」裝飾。

其實刮畫早在古典時期就已經存在，只是 15、16 世紀義大利文藝復興運動，帶動刮畫捲土重來，這股復古流行風潮，漸漸風靡到歐洲德國、奧地利、瑞士、捷克等地，因此並非布拉格獨有，如果有機會到捷克鄉下小鎮特爾奇（Telc）的話也能看到。

一分鐘之屋，是因為走到隔壁的老市政廳只要一分鐘，但我覺得應該叫十秒之屋，因為和老市政廳才隔三棟房子。常常搬家的卡夫卡曾經住在這裡，6 歲的他從席克斯之屋搬到一分鐘之屋，一直在這裡住到 13 歲，他的三位妹妹也在這裡出生，七年生三個，我覺得一分鐘之屋或許也可稱「送子之屋」。

一分鐘之屋牆上描繪了許多神話和聖經故事，在整個充滿各種色彩的老城房子中意外吸睛，有一種莊重之感。在這座色彩繽紛的建築博物館中，只有它敢大膽的不以甜美色彩博取眼球，黑白雙色加上建築比例對稱的莊重感，絕對是一眼看過後就難忘的獨特存在。

除了一分鐘之屋，在廣場上絕不會錯過的獨特存在，大概就是舊市政廳和天文鐘了。

▲市政廳天文鐘是一座結合天文學的精妙機械鐘

天文鐘，設計者用機械寫了一首宇宙時間的詩。

鐘面除了熟悉的羅馬數字，還能看到波西米亞二十四小時計時方式。鐘面複雜的圓圈、色塊，不是為了美觀而故作華麗，懂行的人會發現那是太陽、月亮、地球的運行軌道，依循著軌道，十二個月對應到十二星座，再帶出季節、白天、夜晚，每一天太陽落在哪個星座等等，在鐘面上透露著所有天文、曆法、時間、星座細節，可以說是「一座鐘，藏著一整個宇宙的祕密！」

▲在天文鐘旁的紅房子是旅客服務中心，可以善加利用取得免費地圖

天文鐘每整點報時一次，鐘的兩旁各站二人，拿鏡人象徵「虛榮」；拿錢袋人象徵「貪婪」；骷髏象徵「死亡」；拿琴人象徵「快樂和慾望」。當骷髏手上的鈴聲響起，鐘樓上的兩扇小窗打開，出現十二使徒，報完時，樓頂會有人吹響小喇叭，號角聲結束，一切又歸於平靜，拿起手機照相的人潮，像被魔咒解除，一一散去。

舊市政廳的哥德尖塔，可以買票上去參觀，還能俯瞰老城廣場，有電梯可搭。一樓的紅房子，看似華麗，其實是旅客服務中心，別忘了入內索取免費資料。至於兩者 PK 誰勝？各有特色，這一戰，實在難分高下。

第8站
慕尼黑　　第9站
布萊堡　　第10站
威尼斯　　第11站
佛羅倫斯　　第12站
米蘭　　第13站
杜林

體驗任務

來一場歐洲夢幻聖誕市集

「歐洲最美的聖誕市集」就在布拉格！

老城區廣場的聖誕市集，是歐洲人票選公認最美的聖誕市集第一名。

圍繞在市集旁的建築巨星：14 世紀哥德式泰恩教堂、14 世紀老市政廳、18 世紀巴洛克式聖尼古拉教堂、600 年歷史天文鐘……加上全世界上第一座「世界文化遺產之城」的殊榮，難怪被公認為最美聖誕市集。

聖誕市集除了聖誕裝飾木偶、香氛蠟燭、熱紅酒、肉桂捲之外，晚上還會有素人上台表演。廣場上「超巨大聖誕樹」，是布拉格市民的老朋友，據說樹齡已超過 60 歲，每年都會出席這場盛會。到了晚上，每半點會有聖誕樹燈光秀，如果在布拉格想要感受濃濃的聖誕氣息，這裡絕對是首選。

不管哪一國，歐洲聖誕市集的儀式感，就是設計四根大蠟燭（裝置藝術），一根蠟燭代表一週，從聖誕節前的第四週開始倒數，每過一週，點亮一根，等到四根全亮，就代表聖誕節到了。

▶▶ 林果經驗談

十二月初的布拉格，聖誕氣氛已經非常濃厚。

布拉格聖誕市集在每年十二月一日至隔年一月五日。歐洲冬天，太陽只在上午十點到下午四點時露臉，我建議可以在下午三點左右前來，可同時欣賞「白天晴朗版」和「夜晚燈光版」，兩種氛圍完全截然不同的市集。不過市集雖美，還是別忘了做好保暖措施。

▲布拉格老城廣場聖誕市集是歐洲人票選公認最美的聖誕市集第一名

　　另外，離老城廣場約十分鐘路程，在新城區的瓦茨拉夫廣場（Wenceslas Square）也有聖誕市集，中央大道廣場上會設置一長排的聖誕小屋，不難找。

　　冬天的歐洲，始終給我們一種疏離、陰陰冷冷的感受，但是一到聖誕市集，過節的氣氛，就像台灣過年的熱鬧。明明討厭人擠人，沒想到有一天會因為可以「人擠人」而覺得開心。在全世界最美的聖誕市集裡，我們還驚喜的遇見「初雪日」，白色雪花一片一片慢慢飄落，為聖誕市集更添浪漫。雖然沒有炸雞和啤酒，但有肉桂捲和熱紅酒也不錯。

第8站
慕尼黑

第9站
弗萊堡

第10站
威尼斯

第11站
佛羅倫斯

第12站
米蘭

第13站
科隆

結語

布拉格教會
我的事

　　我和果姊都是博物館狂，這種人格有兩個特質：「不想錯過」和喜歡「看好看滿」，這種「海綿模式」便是以最大可能性，來者不拒，努力吸收為主要目的。

　　可是到了布拉格，這套不管用。

　　布拉格美歸美，但待久了，就會發現一種怪象：過度炫耀誇大的景點和奇怪的「博物館」如雨後春筍，不斷冒出。

　　於是我們決定從「海綿模式」切換為「Pick 模式」。

　　關掉「非看不可」的心態，謹慎篩選，再買票參觀。轉換模式後，不但省了門票錢，更多了時間深度遊，還因禍得福，意外習得高級旅行技巧：依現狀隨時調整旅行模式，保持彈性。

　　旅行沒有標準答案，依城市特性訂製喜歡的前進節奏，正是自助旅行的魅力之一。

住宿
328€
交通費
72€
門票及食費
150€

花費結算榜

實際花費 =550€
計劃預算 =999€
本站總結 = 盈餘 449€
預算佔比 =4%

目前預算 = 盈餘 299 €
預算終於反超，
從超支一盈餘

布拉格
Praha

跨 境 移 動

布達佩斯
Budapest

又到了移動日，為了不讓可怕的「迷路事件」重演，我們決定離開前先去探路。果然，真的不能全然相信 google map，還有，將電梯建在神祕角落是布拉格的風格。好在我們有先探路，排除以上陷阱後，我們充滿自信的迎來移動日，然而現實告訴我們：「永遠有突發狀況，才是旅行的真諦。」

我們依照房東指示，將鑰匙留桌上，關上門，信心滿滿準備離開時，猛然想起：不對，從公寓大門出去，也要用鑰匙開鎖！所以，我們被鎖在公寓一樓內了！

Departure:
11:17
from
ha Holesovice

Arrival:
18:35
at
Budapest Keleti

此時的內心，是孟克的《吶喊》。

緊急之餘，只好瘋狂的拍打一樓各戶鄰居家門，但是大家都去上班了，沒人開門，就在我們即將絕望之際，終於有位老爺爺開門，連路都走不穩的他，該怎麼跟他說明現在情況，讓他交出鑰匙呢？我真怕他以為我們是詐騙集團！

或許是我們焦急的樣子太過真心，感動了老爺爺，他居然懂我們當下的窘境，當他顫抖著手把鑰匙交給我們的那一刻，我心想：老爺爺你這麼輕易相信陌生人真的好嗎？但同時心中又充滿無盡的感謝。

和老爺爺當了九天的鄰居，沒想到是以這樣的姿態說再見，衷心感謝他的信任和幫忙，大恩大德沒齒難忘。

第1站
巴黎

第2站
阿姆斯特丹

第3站
楓杯

第4站
布拉格

第5站
布達佩斯

第6站
維也納

第7站
薩爾斯堡

旅費進度條　49%　餘額　　日程進度條　58%　倒數

第5站

匈牙利

Budapest

諜影攻防
布達佩斯

心願清單

☑ 英雄廣場

☑ 鎖鏈橋

☑ 蓋勒特山自由紀念碑

☑ 貴腐酒

☑ 布達佩斯中央市場

☑ 世界文化遺產：
　城堡山皇宮

第8站
慕尼黑

第9站
弗萊堡

第10站
威尼斯

第11站
佛羅倫斯

第12站
米蘭

第13站
科隆

行前排兵佈陣

▲交通券個人客製化

▲不買布達佩斯卡

▲拖著行李或夜晚移動，最好事先安排接送計程車

▲收費景點不一定要進去

日程
規劃

布達佩斯景點不多，除了城堡山比較花時間之外，很多景點參觀都需要跟團，例如國會大廈、歌劇院，採團進團出，參觀時間大約被控制在一小時左右。若不想參加 tour，可參觀景點偏少。綜觀以上，若是淺快遊，安排二至三日已很足夠。如果預計是奧、匈、捷三地同遊的話，建議可將時間多分配給另兩個城市。

GET 交通

布達佩斯地鐵雖然只有三條線，但大部份景點都能到。以下為常用的四種票種：

票種	2012 年 / HUF	2023 年 / HUF
單程券	350	350
十次券	2800	3000
24 小時券	1650	2500（團體 5 人）
72 小時券	3850	5500（單人通票）

第1站
巴黎 　　第2站
阿姆斯特丹 　　第3站
柏林 　　第4站
布拉格 　　第5站
布達佩斯 　　第6站
維也納 　　第7站
薩爾斯堡

十次券和單程券用法類似，但有以下幾點特別規定：

◆ 不能用在工具轉乘，例如：布達佩斯皇宮位於山上，需搭地鐵，再轉巴士，必須地鐵一張票、公車一張票。但如果只是從地鐵 1 號線轉 2 號線，則使用一張票即可

◆ 白天限 80 分鐘，晚上限 120 分鐘內使用完畢

◆ 使用前需在「打印機」打印日期啟用，否則視同逃票

◆ 詳細規則可上官網了解

bkk 官網

林果經驗談

｜布達佩斯車票的超展開使用法

為了能更靈活安排行程，我們此站採「個人客製化」車票，我和果姊買 72 小時券，果媽買十次券，這樣果媽想休息時，就不會浪費車票，三人也可輪流休息，車票交換使用。

｜安心搭車有撇步

當初到達布達佩斯時，考量已經晚上七點，時間較晚，因此請房東協助安排計程車接送，但沒想到來的不是計程車而是私家車，而且事後發現房東還從中賺取佣金。雖然金額不高，但感受不好。

若不想任人擺佈，怎樣才能安心的搭計程車？從機場進市區的話，請到專門的 Taxi 服務櫃檯排隊。另外，可下載計程車公司 FőTaxi 的 App，或上官網 fotaxi.hu 預約叫車，除了避免語言不通，還可以事先計算車費，避免被騙。

GET 住宿

布達佩斯是此行 Airbnb 訂房的第一顆地雷！

走進公寓一樓走廊，我們對眼前的無限樓梯愣住，房東先生看到我們有三大箱行李，先推託說自己有背傷，無法提重物，看我們愣在當場不知如何是好，才勉為其難幫忙將行李提上樓。

這裡也是首次遇到入住需填護照、個人資料，房東先生說這是國家規定，雖然不知真假，我們也只好乖乖填寫。為了感謝之前女房東幫忙

寄領車票，我們準備了茶葉作為禮物，請房東先生代為轉交。等房東先生離開後，我們在這站的危機考驗，才剛剛開始。

屋內暖氣已開最大，但仍冷得讓人發抖，洗澡水也忽冷忽熱，枕頭套和毛巾上，全是重重的煙味。訂房時明明評價不錯，房東回信也很快，沒想到入住後卻遇到這麼多狀況。我查詢提問紀錄，房東明明說有電梯，那剛剛要我們搬行李又是怎麼一回事？

林果經驗談：啟動危機處理模式

我將所有問題在 Airbnb 網站上留言給房東，好處是可以留下對話當證據。隔天房東來換了床被單，但暖氣和熱水問題仍無法解決，甚至還誤把暖氣關掉。

這種時候，若不打算換房，就別再信任房東，而是靠自己解決問題。果姊先是研究暖氣，發現是房東將溫度設定太低，調整後情況立刻改善。洗澡熱水忽冷忽熱是個大問題，畢竟人在國外若是感冒要看醫生可就糟了，好在有浴缸，果媽果姊想到一招，洗澡前先把熱水放滿浴缸後，再舀水出來洗，問題解決。

另外，有天清晨突然跳電，除了陷入一片黑暗，暖氣也停止運轉，室內漸漸失溫中，我的心也涼了一半……此時果姊摸黑下床找到配電箱，試著將每個開關都重新開關一次，好在沒多久電燈、暖氣便恢復運轉。果姊真是我們的超級英雄。

離開後，在網路留下差評、反應所有問題，避免其它旅人再誤觸地雷，這是一定要的。

GET 裝備：歐元兌換福林

匈牙利和捷克一樣不用歐元，用的是福林（HUF），因此到達後首要之務就是先換當地幣別。

2012 年	2023 年
台幣 / 福林 1:7.5	台幣 / 福林 1:11.2
歐元 / 福林 1:280	歐元 / 福林 1:373.53

解鎖城市任務

美食任務

中央市集的諜影攻防戰

如果對十分鐘就能走完的瓦采街失望，那你一定要來中央市集逛逛。

作為布達佩斯最大的室內市集，遠遠就先被建築外觀亮橘黃色、獨特的東歐圖騰花紋所吸引。

一進室內，廣大的三大層面積、眾多的攤販，讓市場宛如一座繁忙、熱鬧的火車站。建築物共分

▲超級大的中央市場不像菜市場，反而比較像繁忙的火車站

三層，地下室、一樓、二樓。一樓以生肉、蔬菜水果、熟食、麵包為主，在烘焙攤位上可以發現許多少見的蛋糕與烤餅，建議可以嚐嚐看。

二樓是觀光工藝品區，以東歐著名的手工蕾絲品為主，也賣匈牙利傳統服飾，購買前建議多攤比價，中央市場和瓦采街因為名氣大，觀光客多，價格偏高，建議可在此探價，但去別處購買。

市場一樓有換匯所，不過價格和手續費驚人，建議前往市場前，要

備好足夠福林幣,才不會望菜興嘆。市場裡人多,要特別小心提防扒手。市場裡有廁所,但有人看守,使用需付費。

林果經驗談:鬥智鬥勇,提防黑心商人詐騙

買東西付錢找錢,容易手忙腳亂,因此我習慣先算好金額,核對無誤後,才把錢放進錢包,因此才能即時破解黑心老闆故意「找錯錢」的詐騙事件。

事情就發生在布達佩斯中央市場的一樓水果攤。買了橘子後找的錢,怎麼數都不對,我向老闆攤開手中硬幣,表示找錯錢,少了一枚50元銅板,於是黑心老闆開始浮誇的表演,明明以目視即可確認的事,他偏偏要將零錢接過,一副「有什麼問題嗎?一定是妳數錯了,我來數給妳看」,果不其然,在他手上50元銅板從兩個變三個。這年頭黑心商人不容易,還得先學變魔術呢。

雖然我的目的已經達到了,也看破對方的把戲,但他的輕蔑態度還真是令人火大。回家後,發現有好幾顆橘子都是爛的。我實在很好奇,歐洲人買菜不能自己挑,只能由老闆拿,那老闆給了爛商品後,又該怎麼處理呢?

城市任務

挑戰「不花錢參觀法」

地雷公寓加上市集詐騙,讓我們的心情就如外面的天氣:颳著強勁的暴風雪。雖然防禦成功,但我們不僅對布達佩斯的人失望,同時也失去對城市的探索興趣。

旅行也很需要「緣份」,無緣時莫要強求,加上歐洲此時開始下大雪,於是我們決定這一站定為「休整站」:多休息,少行程,並且挑戰「不花錢參觀」!

什麼?不花錢參觀真的可行嗎?老實說,不花錢能參觀的地方還挺多的呢。

林果秘筆記 免費遊「皇宮城堡山」免費攻略

- ◆ 漁夫堡
- ◆ 馬提亞斯教堂戶外
- ◆ 從聖三位一體廣場到圖魯爾鳥神像
- ◆ 布達城堡建築群 Budavári Palota 戶外
- ◆ 鎖鏈橋、城堡山、多瑙河夜景

布達佩斯皇宮建築群位於城堡山，是布達佩斯的制高點之一，景點集中，而且沒有「外城牆」圍起，是一個可以隨時、免費進入的開放場地，參觀個別景點才需門票。

別以為「免費」景點不值得看，城堡山在 1987 年被列為世界文化遺產，盤踞山頭，至少需安排一天才能走完全程。選個晴天來此，遠眺多瑙河、鎖鏈橋、右岸建築群，將布達佩斯美景一網打盡。

▲城堡山是欣賞多瑙河的最佳地點

林果經驗談：省時又省錢的交通

整個城堡山以纜車為中線，分為北區教堂區，和南區皇宮區。上城堡山有三種方式。一是搭地鐵轉公車，二是搭纜車上山，三是走路上山。

綜合評估所有條件後，我們決定，以「不走回頭路」+「逆流參觀法」為原則，選擇「搭車上山」+「走路下山」為破解攻略。

「走路上山」，體力消耗大，浪費時間，淘汰。搭纜車需另外付費，又貴人又多，尷尬的是，山上纜車站剛好卡在城堡山中間，不管先去北區還是南區，勢必要走回頭路，淘汰。

▲城堡山的上山纜車，車廂設計復古

我們有交通三日券，搭車上山，還能避開纜車參觀人潮。城堡山分北區、南區兩處，許多遊客會選擇搭纜車上山，而南區離纜車站較近，參觀完南區再往北區走。搭公車路線剛好相反，在北區下車，從聖三位一體廣場出發，一路往南走，最後走南邊小山路下山，再順遊最著名的地標鎖鏈橋，結束完美的一天。

漁夫堡 Halászbástya 冬季、下層免費

　　搭乘地鐵 M2 線到 Széll Kálmán tér 站，在旁邊公車站 Széll Kálmán tér M（Ostrom utca）搭公車 16A 或 16 號到 Szentháromság tér 站下車，一眼就能看見高大潔白的聖三位一體柱，便知道聖三位一體廣場到了。

　　依照歷史故事時間軸，我們參觀的順序為：漁夫堡 → 聖史蒂芬一世騎馬像 → 馬提亞斯教堂 → 聖三位一體柱。讓我們穿梭時光，溯源匈牙利建國建城的歷史源頭。

　　漁夫堡的堡不是城堡，而是堡壘，傳說在中世紀戰亂時期，此地的英勇漁夫為了保衛家園，固守城牆抵抗外敵，後人為了紀念他們才取名為漁夫堡。不過現在看到的漁夫堡其實和中世紀關係不大，因為 19 世紀初修建的堡壘在二戰中被炸毀，現在看到的是重建的堡壘，非常新穎，也不曾在此發生殺戮，只是為了紀念而建造的裝飾性建築：一個兩層式的觀景平台，是俯瞰多瑙河右岸和國會大廈的最佳視野。

▲新哥德羅曼風格的漁夫堡很適合拍照，讓人聯想到迪士尼的浪漫場景

　　漁夫堡的建築風格，融合了新哥德加新羅曼風格（沒錯，就是羅曼蒂克的羅曼）。這個「新」字很巧妙，因為中世紀的老派哥德風和尖塔，設計比例以瘦高長為主，例如：布拉格的泰恩教堂，黑黑舊舊的老石頭加上尖刺，給人一種魔鬼般的暗黑感！

　　改良後的「新式哥德風」搭配比例「矮短胖」的羅曼拱頂、白色石材，一下子就把暗黑魔鬼風變成迪士尼公主風，場景一下子從巫婆熬煮的七味湯，變成拍婚紗的明亮場景。推薦女生來這裡時，可穿一些有飄墜感、白色蕾絲、披肩、波西米亞風格的衣飾，無論白天或夜晚，圓柱拱頂長廊裡，絕對能拍出美美的夢幻感，也很適合拍婚紗喔。

　　數一數，漁夫堡有沒有七座小尖塔，這代表建國前的七個馬扎爾人部落，團結七個部落，從游牧民族變成國家的國王，就是旁邊矗立的騎馬像：聖史蒂芬一世。

　　聖史蒂芬一世（名字有點洋氣，是後來才改的）其實本名叫伊什特萬（István，比較有游牧感吧），身為匈牙利開國皇帝，等於匈牙利國父，更是匈牙利人心中的民族英雄，為了紀念他和建國國慶日，每年八月二十日全國放假一天。

　　但凡歷史上的開國英雄，在軍事上通常也是狠人一枚，要團結散落各地的部落，還要說服教皇為其加冕為王，才算「開國成功」。為了達到目的，他居然說服七個部落改信基督教，可見遊說功力不凡。開國後他也沒閒著，在位期間，從波蘭手中搶奪斯洛伐克，擊退神聖羅馬帝國進攻，還在世就被封為聖人（本人有極大的可能在背後暗箱操作），不管怎樣，進能攻退能守，可見戰鬥值之強大。

　　想了解更多這位戲劇化的「開國皇帝」，可以前往聖伊什特萬聖殿（Szent István Bazilika），這座教堂 1905 年才蓋好，並非古蹟，高度和國會大廈齊高，是布達佩斯兩棟最高的建築。

　　參觀教堂不用門票，但會「強迫捐獻」，也算史上奇觀，門口會站一位神職人員，牌子寫捐獻公定價 200 福林，登頂和參觀寶物室要另買門票。該教堂最出名的噱頭，是擁有伊什特萬皇帝被製作成木乃伊的「握拳右手」，右手有個高大上的名字叫「聖觸」，被放在主壇後方的禮拜堂，用一個黃金、玻璃、寶石盒裝著，想看的話，必須先投幣，有燈亮起，才看見聖觸。不得不佩服教堂的「巧思」與細緻操作。

回到城堡山上的騎馬雕像吧！我認為最值得一看的地方，是馬背上垂墜下的飾毯，鏤空的吊飾，給人一種如織品的柔軟感，這材質可不是布而是堅硬的青銅，無論是一體成型還是組裝工藝，在硬與軟之間，設計巧妙。

城堡山之旅，就讓我們跟著開國皇帝，往下一站前進。

◆ 漁夫堡分上下層，下層免費，上層需收費
◆ 在售票時間 9:00~19:00 之外，上層免費自由入場
◆ 在 3/15、8/20、10/23 國慶假日免費入場
◆ 淡季通常指冬天 10/16~3/15，可免費入場

馬提亞斯教堂 Mátyás Templom 戶外免費

馬提亞斯教堂並不是馬提亞斯國王建的，「第一代教堂」是由前面說的開國皇帝聖史蒂芬一世所建，但在 13 世紀時因蒙古人入侵而被摧毀，後來貝拉四世在教堂遺跡上重建，並將「第二代教堂」改稱為聖母教堂。15 世紀時，馬提亞斯國王大幅修建教堂，成為「第三代教堂」，他在此舉行婚禮，非常受到人民愛戴（誰叫他是史上將匈牙利國土擴到最大，文治武功都頗有建樹的國王呢），因此後來便改名為馬提亞斯教堂。

▲聖史蒂芬一世騎馬雕像

140

仔細看戶外建築，可以發現其中一個屋頂上站了一隻烏鴉，啣著一枚金戒指。傳說曾有人想用毒戒指暗殺馬提亞斯，但最後解救他的不是試毒銀針，而是一隻不知哪裡飛來的烏鴉把戒指叼走，從此烏鴉就成了吉祥物，還被放在教堂上。不過馬提亞斯還是在正當壯年的47歲就死了，讓人不禁猜測，最終是否二次暗殺成功，畢竟當時有很多貴族都討厭、反對他。

馬提亞斯教堂又稱加冕教堂，是匈牙利國王的加冕處，後來的奧地利皇帝弗蘭茨·約瑟夫一世和茜茜公主，同時身兼匈牙利的國王與皇后，所以也曾在此加冕，因此在教堂裡可看到兩人的展示品和雕像。

不過，有個奇怪的地方，開國皇帝有雕像，馬提亞斯有教堂紀念，那中間的貝拉四世呢？為什麼匈牙利人絕口不提他？說來他的悲慘，和亞洲還有點關係。

▲馬提亞斯教堂的命運多舛，就如同布達佩斯城的命運

141

　　可憐的貝拉四世，在位期間剛好是亞洲蒙古軍正威武、以鐵騎踏平歐洲的時代。此時成吉思汗雖已過世，但他的第三子窩闊台也是一名猛人，他的軍隊一路往西打，鐵蹄先踏平波蘭，再洗劫匈牙利，倒楣的貝拉四世只好一路逃到奧地利尋求庇護。比較尷尬的是，奧地利也不是什麼正義好鄰居，庇護不成反被軟禁加勒索，而勢如破竹的窩闊台大軍則繼續西進，眼看兵臨奧地利城下，貝拉四世居然成功脫逃，轉而前往克羅埃西亞。簡而言之，貝拉面對蒙古大軍的態度從一而終：打不過，咱們還逃不過嗎？

　　不過人倒楣到極致時，運氣曲線觸底也是會反彈的：窩闊台暴斃了！姑且不論死因是酗酒問題還是被投毒（他的兄弟之一也在短時間內死亡），總之，頭頭駕崩，蒙古大軍決定趕緊掉頭：老大都死了，快點回家奔喪，順便參加皇位保衛戰才是正事啊。

　　遠在天邊的貝拉四世收到蒙古軍隊撤退的消息後，馬上趕回匈牙利。有了這麼一段顛沛流離的經驗，他意識到國家軍防的重要性，趕緊下令加強城市和軍事措拖，布達城堡就是加強國家防禦的建築之一。貝拉四世武力值不夠，但有運氣來湊，天降奇蹟重回國土，但應該沒人會想紀念又逃跑、被軟禁，最後靠撿漏活下來的國王。

　　不過馬提亞斯教堂顛沛的命運，和貝拉四世倒是很有共鳴。

　　馬提亞斯教堂後來在16世紀時被土耳其占領，從天主教堂硬生生被改成「回教清真寺」，珍貴壁畫被清除，文物洗劫一空。中世紀建造的屋頂結構、北塔、加萊禮拜堂、側禮拜堂，包括馬提亞斯國王加蓋的皇家講堂，不是被摧毀，就是石頭被拆除移往他用。到了17世紀，哈布斯堡王朝趕走土耳其人，換成奧地利人統治，教堂才又重新恢復為天主教堂，但當時哥德風已經落伍，因此教堂又被局部改造成流行的巴洛克，至此，七百多年的戰亂、拆毀、重建、祝融……教堂早已面目全非。

　　19世紀末，在奧地利國王弗蘭茨‧約瑟夫一世的領導下，由建築師弗里傑斯‧舒萊克（Frigyes Schulek）進行大規模整修（漁夫堡的設計也出自他手），他盡力調查研究歷史，以13世紀的教堂面貌為模本，以複製品保留七百多年來時間在它身上留下的歲月痕跡，並移除強加其

上、不協調的巴洛克設計。儘管如此，還是有許多資料因年代久遠而不可考，在缺失資料的部份，建築師發揮想像力，自行添加多彩馬賽克磚的屋頂瓦片，和極似聖母院鐘樓的滴水怪獸，這也讓他的修復工作備受爭議。

今天我們看到的馬提亞斯教堂，和歷史中的教堂其實已經相去甚遠，融合了中世紀哥德風、匈牙利民俗風、土耳其回教清真圖騰，並以東歐新藝術風格作為內部裝飾的新生教堂，到底合不合宜，就留給專業人士去辯論吧。無庸置疑的是，今日眼前的教堂，代表著輝煌，也象徵著動盪，見證著匈牙利幾百年來走過的歷史。

從聖三位一體廣場 Szentháromság tér 到圖魯爾鳥神像 Turul Bird

▲聖三位一體立柱

行前排兵佈陣　解鎖城市任務　絡語

　　聖三位一體廣場上的大立柱，是城堡山上著名地標，搭乘上山公車時，看到立柱就知道下車地點到了。在歐洲看到大立柱，大多只有兩個目的：一是紀念黑死病消除，二是紀念國家重大事件或偉人，例如革命。在立柱上看到十字架的話，可能性通常為前者。據估計，當年黑死病使歐洲近一半人口死亡。不管科技再進步，死亡，是人類永遠無法迴避的課題。

　　離開聖三位一體柱後，等於北邊的教堂區景點已參觀完畢，接下來往南邊的皇宮區。完全開放空間的城堡山，不僅有古蹟，還有馬路、住家、餐廳，接著經過山多爾宮，這裡是匈牙利總統官邸和辦公室，門口有制服衛兵站崗，再往前就是著名的「哈布斯堡階梯」。

▲山多爾宮

　　穿過古典的白色石材拱門，哈布斯堡階梯的亮點，就是梯間一角的圖魯爾鳥神像（Turul Bird），牠的爪中握有上帝

▲哈布斯堡階梯的圖魯爾鳥神像，爪中握有上帝之鞭「阿提拉神劍」

第8站
慕尼黑
第9站
弗萊堡
第10站
威尼斯
第11站
佛羅倫斯
第12站
米蘭
第13站
科隆

之鞭「阿提拉神劍」。傳說中，圖魯爾鳥是一種猛禽，接近現實世界中的老鷹，當年是牠引領著馬扎爾人，定居位於今日布達佩斯的所在地，在此建立家園，因此圖魯爾鳥也是匈牙利的國家精神象徵。

在樓梯上遠眺鎖鏈橋、多瑙河，以及充滿氣勢的圖魯爾鳥神像，這裡是遊客最愛取景的角落。不過樓梯上人潮多，記得小心安全。走下哈布斯堡階梯後，便正式進入南區皇宮區。

🛁 布達城堡建築群 Budavári Palota 戶外免費

布達皇宮目前已無皇室居住其中，於是將宮殿拆分為三大博物館：匈牙利國家美術館（Magyar Nemzeti Galéria）、布達佩斯歷史博物館（Budapesti Történeti Múzeum），以及國立塞切尼圖書館（Országos Széchényi Könyvtár）。美術館和歷史博物館需要購票，但圖書館非常佛心，免費開放，不過需要事前上網申請。匈牙利國會大廈裡，古色古香的圖書館（Library of the Hungarian Parláment）也可免費參觀，一樣需要事先上網申請，參觀國會大廈則需付費。

▲匈牙利國家美術館（Magyar Nemzeti Galéria）
◀布達佩斯歷史博物館（Budapesti Történeti Múzeum）

　　城堡建築群在1987年被列為世界文化遺產，和馬提亞斯教堂一樣，是逃亡的貝拉四世回國後下令興建，但使其達到頂盛的還是馬提亞斯，他在武功上開疆拓土，在文治上重視文藝發展，在位期間，和皇后邀請眾多藝術家前來皇宮，將匈牙利的藝術文化涵養提升許多，難怪匈牙利人如此愛戴馬提亞斯。

　　可惜的是，後來被土耳其人佔領，珍寶洗劫一空，再加上黑死病，皇宮一度沒落成廢墟，等到哈布斯堡王朝統治後，大興土木，修建兩百多個房間，眼見又將恢復榮光，可惜好景不長，沒過多久奧匈帝國瓦解，二戰開打，皇宮再度破敗，直到近年在匈牙利政府的修復下，才有今日的面貌對外開放。

　　館內非常現代化，除非對展品有興趣，否則沒有一定要參觀的必要。館頂可以向外眺望看風景，但若想登高望遠，推薦一個更超值的景點：蓋勒特山，除了免費，加上地勢比城堡山更高，視野更佳，還能俯瞰整個城堡山和布達佩斯城。

▲從蓋勒特山能看到整個城堡山建築群

　　對我而言，皇宮區的重點不在室內，而在於戶外：尋找皇室神祕噴泉。

第8站
慕尼黑

第9站
弗萊堡

第10站
威尼斯

第11站
佛羅倫斯

第12站
米蘭

第13站
科隆

林果秘筆記 尋找皇室神祕噴泉

　　通過獅子廊道，進到獅子庭院（Oroszlános udvar），尋找庭院一角的馬提亞斯國王噴泉。據說噴泉「號稱」是羅馬特萊維噴泉的匈牙利版（就是在電影《羅馬假期》和費里尼電影裡最經典的巨大噴泉），但論其規模和宏偉性其實相距甚遠，不過噴泉人物故事背景，頗有國王情史吃瓜樂趣。

▲馬提亞斯國王噴泉（Fountain of King Matthias）

　　噴泉最上層是穿著狩獵服的馬提亞斯國王，腳邊躺著一隻中箭巨鹿，是他狩獵的戰利品，中間吹響號角的追隨者、帶著三隻獵狗的狩獵小組長，其實只是煙霧彈，整個噴泉的重點在右下角，雕塑品中唯一的

147

女性：一位保護著幼鹿的年輕女子。在匈牙利流傳著一首民謠，相傳出身卑微但美麗的女孩，在馬提亞斯國王微服出巡狩獵時，兩人相遇並墜入愛河，等到國王揭曉自身身份，知道真相的少女，意識到橫在兩人之間不可跨越的鴻溝後，最後心碎而死。

馬提亞斯國王和皇后號召藝術家來匈牙利，造就布達皇宮的輝煌，然而在宮殿的僻靜角落卻保留著民女相戀的噴泉雕塑……民謠的真實性已不可考，但留給旅人無限遐想。

鎖鏈橋、城堡山、多瑙河夜景免費

下山時，順著山邊小路往下，別忘了順遊鎖鏈橋。

被多瑙河一分為二的布達佩斯，分為右岸的「布達」（老城皇宮區），和左岸的「佩斯」（現代區），串連兩岸的塞切尼鏈橋，俗稱鎖鏈橋，是布達佩斯最著名的地標，這條「人車共行」之橋，可走上橋中欣賞河岸風光。

除了鎖鏈橋，天氣好的話，遊完皇宮區後我建議可再走回教堂區，在夜晚燈光照明下，有別於白天的浪漫氛圍，還能在此俯瞰多瑙河夜景，因為太浪漫了，很多情侶會在漁人堡看夜景，小心別被情侶的放閃攻擊。小小提醒，做好保暖準備，也可隨身帶些三明治、熱飲，另外若發現人煙漸少時，安全起見，趕緊隨人潮下山。

第 8 站
慕尼黑

第 9 站
弗萊堡

第 10 站
威尼斯

第 11 站
佛羅倫斯

第 12 站
米蘭

第 13 站
科隆

結語　布達佩斯
教會我的事

在布達佩斯時，發生了許多危機和不開心的事，但其實我想說的是：美好和災難，都是旅行的總和。

住宿踩雷、遇見黑心攤販，當然都很令人生氣和喪氣，但轉念一想，也可能因為當地人比較窮，所以才用不正當手段設法得到金錢，看似可惡，其實也有可悲。金錢損失是損失，但若放任自己沉浸在負面情緒裡，不也是另一種損失？因此才有了「免費小旅行」的遊戲，既不抵觸討厭的情緒，又不失去旅行的目地。

果姊常說：苦中作樂是真樂。

發生什麼事不重要，選擇用什麼心態面對才是最重要的。

面對問題，解決問題，幽默調侃，最後一笑置之。解決問題靠「智力」，轉換心態靠「智慧」。無論人生還是旅行，我們都需要智力，更需要智慧。

花費結算榜

住宿
159€
交通費
120€
門票及食費
70€

實際花費 =349€
計劃預算 =555€
本站總結 = 盈餘 206€
預算佔比 =3%

目前預算 = 盈餘 505 €

布達佩斯
Budapest

跨 境 移 撤

維也納
Wien

Departure:

11:30

from

Budapest,

NÉPLIGET AUT. PU.

Arrival:

14:25

at

Wien, VIB,

U3 STATION ERDBERG

　　幾乎是用逃難的心情，離開布達佩斯。

　　這一次，我先提醒房東要使用電梯，也請房東預定計程車至巴士站。離開當天，好在果姊事前提醒我：堅持上車後再付錢！因為當我們拉著行李站在大馬路旁，根本看不到計程車的影子！

　　前來代為辦理退房的房東阿嬤，為了收車錢所以跟著我們到馬路等車，也因此她才趕緊打電話聯絡。我完全不敢想，要是先付了錢，阿嬤沒下樓，大門又被鎖上上不去，此時站在大街上慌張的人就會是我們。一想到這我就背脊發涼。

　　給錢的動作，記得永遠在最後！

　　搭乘歐洲巴士，從布達佩斯到維也納約三小時，提前上網買到長者票、特惠票、原價票各一張，換算下來，一個人車費不到 17 歐，台幣約 640 元。歐洲巴士有時採自由入座，建議提早到達搶好位子。

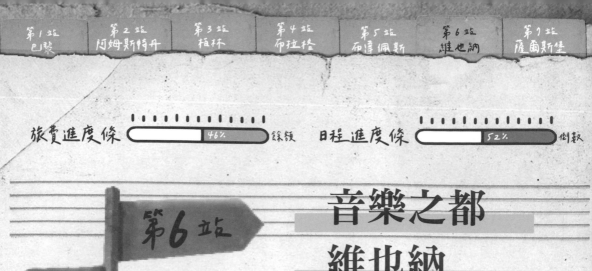

旅費進度條 46% 餘額　日程進度條 52% 倒數

第6站

奧地利

Wien

音樂之都
維也納

心願清單

- ☑ 電影散步路線
- ☑ 市政廳聖誕市集
- ☑ 城市公園散步
- ☑ 博物館
- ☑ 納許市場

- ☑ 烤豬腳
- ☑ 熱紅酒
- ☑ 維也納香腸
- ☑ 世界文化遺產：
  美泉宮及花園
  維也納老城區

第8站
慕尼黑

第9站
弗萊堡

第10站
威尼斯

第11站
佛羅倫斯

第12站
米蘭

第13站
科隆

行前排兵佈陣

▲最佳到達時間爲星期一

▲停留日以「週」爲單位

▲住宿地點，選擇離開車站附近

日程規劃

從「超值交通票」角度來說，維也納的最佳停留時間爲一週。

從「參觀景點」來說，維也納有美景宮、美泉宮、霍夫堡，還有藏品豐富的博物館、新藝術派、百水公寓能探訪。這裡還有許多名人足跡：莫札特、貝多芬、克林姆、弗洛伊德，或聽一場音樂會，有太多活動可以體驗，如果有時間的話，建議可以停留一週做深度遊。

GET 交通

奧地利和德國一樣講德文，連交通工具術語也相同：地鐵 U-Bahn（簡稱 U，類似台灣捷運）、路面電車 Straßenbahn（類似台灣輕軌）。雖然地鐵方便，但我更推薦電車加步行。

祕筆記
林果
★ 不可不知的黃金電車

　　市區內最常用的電車是 1 號、2 號和 D 線，這三號電車會繞行被我稱之為「黃金迴圈」的維也納環城大道！

　　環城大道「黃金迴圈」，前身原是霍夫堡皇宮城牆，但為了更好的城市發展，皇帝一聲令下決定拆除，除了市容更加開闊，環城大道也成了交通重要幹道，如黃金般華麗的各大重要景點，亦分佈兩側：皇宮、政府機關、維也納大學……黃金迴圈走一遍，至少可涵蓋維也納七成參觀景點。

▲維也納大學

▶維也納大學天頂四幅壁畫是克林姆最後的壁畫委託，可惜被德軍燒毀

秘筆記 林果 ★ 一定要知道的維也納交通神器

維也納最超值的交通券，非「一週票」莫屬。有多超值呢？週票平均一天的費用，居然和單程票價格一樣！在捷運站售票機就可輕鬆買到，不用臨櫃。

交通票價比較表：

	2012 年	2023 年
單程票	2 歐	2.4 歐
24 小時票	6.7 歐	8 歐
48 小時票	11.7 歐	14.1 歐
72 小時票	14.7 歐	17.1 歐
一週票	15 歐	17.1 歐

維也納交通官網

- ◆ 搭乘前需用打票機打上啟用日期時間
- ◆ 24、48、72 小時票以小時計算

▶◀ 林果經驗談：週票使用小技巧

- ◆ 使用時間為每週一至下週一早上九點，無論星期幾開始用，都是用到下週一，所以從週一開始用最划算。
- ◆ 因為可用到「下週一早上九點」，所以離開時，安排九點前搭車到火車站，又可省下一次計程車費。
- ◆ 多人旅行時，若不會全程同進同出，可以考慮搭配其它卡片使用。

GET 住宿

維也納高貴不貴，相比其它歐洲國家，物價、住宿費相對來說較低，是對旅人荷包友善度高，而文化又豐厚的優質城市。

幸運的是，在滿足價格、安全、便利三大指標下，當時找到三人一晚 45 歐的房源（約台幣 1600 元），這簡直就是用青年旅館的價位，住

獨立套房，還附簡易廚房，簡直就是不可思議的便宜。可惜的是，這位好房東目前已結束房源出租，所以無法推薦 ID 給大家。

★ 祕筆記　不藏私，寶藏住宿區推薦

先別洩氣，房源雖不再有，但寶藏小區位置還是要推薦給大家的。

首先，上 google map 搜尋美景宮（Schloss Belvedere），在 Wien Quartier Belvedere 電車車站對面的小區就是，此區優點是：

- 住在美景宮旁邊，隨時可享受免費的宮殿花園
- 離黃金迴圈雖有一點距離，但不遠，住宿價格較有下降空間
- 住宅區，晚上安靜不吵鬧，附近有超市，購物方便
- 搭乘電車 D 線十分鐘即到黃金迴圈，不用換車，交通方便

★ 祕筆記　高 CP 值住宿區挑選心法

除了我住過的寶藏小區，另外，我也歸納出幾個在維也納找房的評比技巧：

不可不知的隱藏優惠

若在 Airbnb 訂房，住滿一週，部份維也納房東會給額外折扣。另外，Airbnb 的清潔費和服務費不是固定的，選擇設定為 0 元的房東就能省更多。

住在 1 號、2 號、D 線電車行駛線上

這三線電車都行駛、環繞黃金迴圈，出迴圈後又各自往外延伸，遠離迴圈的房價較有降價空間，想進城又不用轉車，一兼二顧。

維也納國家歌劇院是石蕊試紙

如果找到合適的房源卻不知交通是否方便，可上 google map 查詢房源到歌劇院是否需要轉車。不用轉車，車程十分鐘左右能到歌劇院的房源，都算好房源。因為歌劇院是交通大站，許多電車、地鐵、巴士都會在此轉乘，只要能到這，去哪都方便。

補給覓食隊友不可少

維也納物價親民，常見平價超市有 BILLA、SPAR，想吃得省又吃得好，看看房源附近是否有超市存在就知道。

林果經驗談：文明友善之都維也納

從巴士客運站到民宿，一路上捷運、公車、電車全是無障礙空間。到民宿時，房東和他的笑容，已為我們等在門口。房間雖在一樓，但從大門到房門總共有五道門、五道鎖，全部只要一張感應卡即可通關，重點是：也全是無障礙空間。

入住時，房東有用手機拍下護照資訊，據說是必須提供給政府登記，另外，附近的在地指南已貼在公眾走廊，超市、咖啡廳、餐廳等資訊一應俱全。退房機制也很自由，將磁卡從門縫下推入便可離開，不必再與房東交接。

入住第一晚曾發生緊急事故：洗澡洗到一半沒有熱水。晚上十點給房東留言，隔天下午，房東主動回覆留言已解決問題。果媽說，這才是真正專業的房東。

感謝維也納，終於讓我們回到了文明世界！

行前排兵佈陣　解鎖城市任務　結語

解鎖城市任務

體驗任務

哥德風市政廳的聖誕市集

我們又回到剛出發時，那種開心的旅行節奏。

移動、安置、補給的 SOP 完成後，我們決定「搭電車遊維也納」，讓電車 D 帶我們夜遊維也納，沒想到，居然意外發現有名的「維也納市政廳聖誕市集」！

▲維也納最大的聖誕市集就位於市政廳

▲聖誕市集裡最受小朋友歡迎的是糖果攤位

維也納市政廳，是一棟有百年歷史的哥德式建築，在燈火通明的照射下，少了邪魅黑暗氣質，搖身一變成了夢幻城堡舞會。身為音樂之都，聖誕市集怎麼可以沒有音樂呢？管樂五重奏讓現場的氛圍優雅又歡樂輕鬆，每個人都隨音樂搖擺，儘管這天是藍色星期一的夜晚。

我們在市集裡買了熱狗堡（約4歐）和熱紅酒（punsch），在維也納不用一次性的紙杯，而是用陶瓷杯，因此價格會貴2到3歐，喝完後杯子可退回換錢，也可以帶走當紀念禮物。不愧是音樂之都，杯上有音符，是很有特色的紀念物，決定就帶它回家吧！

老實說

> 在維也納，除了市政廳之外，瑪麗亞・泰瑞莎廣場、美景宮花園也都有聖誕市集。
> 我認為聖誕市集有點像「聖誕限定」夜市，時間大致上為期一個月，大多在美美的皇宮、廣場、教堂前舉辦，攤位大多是可愛小木屋造型，但不若台灣夜市攤販的多元、好玩好買好吃，最好別餓著肚子前往，歐洲聖誕市集還是比較重在文化體驗。

文化任務

神奇電車 D 走跳黃金迴圈

如果想輕鬆遊走維也納，就不能不知「神奇電車D」。有多神奇？

搭上它，除了維也納中央火車站和美景宮，在黃金迴圈可到達的景點有：維也納音樂協會（金色大廳所在地）、城市公園、國家歌劇院、卡爾廣場、卡爾教堂、維也納分離派、納許市場、城堡公園（有莫札特紀念碑）、霍夫堡皇宮、瑪麗亞・泰瑞莎廣場（藝術史博物館、自然史博物館）、國會大廈、市政廳、城堡劇院、維也納大學、貝多芬故居、感恩教堂……全是重量級的華麗景點，一台電車D加小小步行，通通搞定！

159

第1站
巴黎

第2站
阿姆斯特丹

第3站
柏杯

第4站
布拉格

第5站
布達佩斯

第6站
維也納

第7站
薩爾斯堡

持有坐到飽車票時，建議先搭車遊一圈（可搭電車 D 或其它環城電車），便能在最短時間內了解整個城市地理與景點方位。

電車 D 的寶藏景點

如果說荷蘭看梵谷，布拉格看慕夏，那維也納就是看克林姆了！

想看克林姆，一般都去美景宮，但其實還有「隱藏版博物館」，那就是我和果姊都一致真心推薦的：號稱「全球第四大博物館」藝術史博物館！

▲號稱全球第四大的藝術史博物館是維也納絕不可錯過的博物館

第 8 站
慕尼黑

第 9 站
弗萊堡

第 10 站
威尼斯

第 11 站
佛羅倫斯

第 12 站
米蘭

第 13 站
祥塗

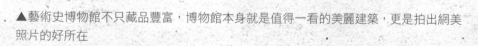

▲藝術史博物館不只藏品豐富，博物館本身就是值得一看的美麗建築，更是拍出網美照片的好所在

　　對照羅浮宮和藝術史博物館，雖然都是展示皇家收藏品，但羅浮宮是從皇宮改為博物館，而藝術史博物館建造之初，就是為了成為博物館展示哈布斯堡王朝的收藏品，該博物館由奧匈帝國皇帝弗蘭茨‧約瑟夫

一世下令修建（就是茜茜皇后的老公），同時他也是奧地利有名的賢明君主。

　　一入館就被一樓的八角圓型大廳震撼！從地坪到天頂，精美華麗的大理石拼花、牆柱、迴廊、階梯、雕塑，大理石的重，和黑、白、金三主色配色，展現既莊嚴又華麗的空間樣貌。壁面精緻的繪畫處處是細節，仔細一看居然是克林姆的畫作！

▲藝術史博物館中不可錯過的克林姆壁畫

162

竊取不走的克林姆之梯

克林姆身為維也納「分離派」重要藝術家之一，尚未聲名大噪時，曾接受委託在維也納許多大型公共建築中進行壁面裝飾繪畫，藝術史博物館迴旋梯的三角牆楣裝飾，正是當時的創作之一，今日也成為該博物館亮點之一。因此，館方特地建造一座「空中之梯」，讓觀眾可以近距離欣賞。

除此之外，城堡劇院、分離派會館、維也納大學等牆面、天花板也都留有他的精彩之作。維也納大學大會堂天花板三幅壁畫是他的壁畫封筆之作，因為過程的不愉快，官方審查干預創作自由，加上作品飽受「色情」批評，成為克林姆最後一次接受壁畫製作委託。可惜的是，這三幅作品命運多舛，1945 年二次世界大戰期間，被撤退的德國納粹放火燒毀。

林果經驗談

參觀博物館時，建議著裝可以「微微正式」（但不用到全套晚宴禮服），藝術史博物館走精緻古典路線，身處博物館，不妨想像時光倒流，回到 19 世紀體驗一次哈布斯堡王朝的宮殿美學。

和羅浮宮相比，藝術史博物館是「稍加努力，便可在一天之內看完」的規模，加上參觀人潮沒羅浮宮多，更加舒適愜意。有機會來維也納，請一定不要錯過。

美食任務

超市是 1 歐天堂

在維也納，我們最常光顧的就是平價超市 BILLA！

麵包、牛奶、巧克力餅乾、青菜，甚至台灣貴森森的巧克力醬，好多東西居然都‧只‧要‧1‧歐！果媽不愧擁有資深主婦魂，甚至還淘出 1 歐不到的「打折品」！在維也納不逛超市的話，真的虧大了！

第1站
巴黎

第2站
阿姆斯特丹

第3站
柏林

第4站
布拉格

第5站
布達佩斯

第6站
維也納

第7站
薩爾斯堡

超市買什麼？

把牛奶當水喝

在歐洲，牛奶比水還便宜，早上用微波爐加熱一下，再加入茶包、咖啡，馬上變身為奶茶、咖啡牛奶。冬天早晨喝一杯，幸福指數破表。

認準「clever」品牌

不知道買什麼，就買 BILLA 超市旗下的自有品牌 clever，只要看到該品牌的東西，不用懷疑，拿就對了！九成以上是超市最便宜的品項，每次經過一番比價後，買的牛奶、義大利麵、餅乾、巧克力醬、麵包，幾乎清一色全是 clever。

▲不知道買什麼就買 clever 品牌產品，每包餅乾居然都只要 0.99 歐，大驚！

巧克力餅乾、巧克力醬

維也納絕對是巧克力控的天堂！

而且是好吃的那種巧克力，價格便宜之外，重量輕，熱量高，衝景點時帶一條巧克力餅乾在身上，有備無患。

我們的 BILLA 超市購買清單

牛奶 0.89€ ＝ 33 元　　必買!!

巧克力餅乾 0.99€ ＝ 37 元　　必買!!

巧克力醬 1.19€ ＝ 45 元　　必買!!

麵包 1.19€ ＝ 45 元

法棍 1.29€ ＝ 48 元

洋蔥 1 盒 6 顆／ 1€ ＝ 37 元

牛肉 0.8kg ／ 4.01€ ＝ 150 元

柿子 0.59€ ＝ 22 元

第 8 站
慕尼黑　　第 9 站
布萊堡　　第 10 站
威尼斯　　第 11 站
佛羅倫斯　　第 12 站
米蘭　　第 13 站
科隆

超市界的 LV：霍爾超市

別以為「平價等於廉價」，位於維也納歷史悠久的市集廣場裡，有一家 BILLA 超市旗下的高端超市，完全刷新我們對超市的新三觀。

在 google map 上搜尋安可鐘（Anker Clock），這座有百年歷史的新藝術風格音樂鐘，每個整點會出來一位人物，十二點整點時十二位人物會一次出現。在安可鐘旁邊的 Merkur Hoher Markt 超市，我簡稱為霍爾超市。

▲霍爾超市旁的安可鐘（Anker Clock）是有百年歷史的新藝術風格音樂鐘

霍爾超市有多高級？三層樓的建築裡有電梯，有 wifi，居然還有「免費廁所」（看看歐洲把我們訓練出多麼敏銳的免費廁所雷達）！廁所又大又乾淨，還很高科技，所以被我們封為「超市界的 LV」！

除了一般的超市商品，還有來自世界各地的風味肉品、起司、家常醃漬小菜、葡萄酒吧，甚至連魚子醬、松露等高

▲霍爾超市高貴不貴，從平價到昂貴食材都能在此買到。

級食材都能買到。對美食老饕來說，絕對是史詩級的夢幻地點。正當我興奮的不斷拍照，此時保安人員出現，前來關心我是不是商業間諜，這種警覺程度，真的是高級超市無誤了。

第1站
巴黎　第2站
阿姆斯特丹　第3站
柏林　第4站
布拉格　第5站
布達佩斯　第6站
維也納　第7站
薩爾斯堡

霍爾超市高貴不貴，我們的購物清單

高麗菜 1 顆／ 0.99€ ＝ 37 元

白蒜醬 1 罐／ 1.49€ ＝ 56 元

酸黃瓜 1 罐／ 0.99€ ＝ 37 元

義大利麵 1 公斤／ 0.88€ ＝ 33 元

吐司 1 大條／ 0.55€ ＝ 20 元

▲超市有電梯和廁所，可以舒適的慢慢

美食任務

納許市集遇見美味烤豬腳老店

　　為了不重蹈巴黎市集相見恨晚的遺憾，所以我們決定在到達第二天，馬上殺去菜市場：納許市集大採購。

　　歷史悠久，從 16 世紀開始的納許市集，是一座位於移民區裡的菜市場，除了販售生鮮蔬果，也有許多中東辛香料、水果乾、堅果、醃製小菜攤位，也有熟食餐廳，整體來說，與其說是菜市場，倒不如說更像年貨大街。

林果 老實說

不知是否來的時間不對，冬天的納許市集顯得有些冷清，生鮮蔬果攤位較少，比較像台北迪化街，一種南北貨市集的概念。據說每週六上午七點到下午五點時，還有二手跳蚤市集，不過在歐洲逛市集，時間和天氣都很關鍵，天氣不好、時間不對；都會影響出攤率，建議選個晴朗日子再前往才不會撲空。

第 8 站
慕尼黑　第 9 站
弗萊堡　第 10 站
威尼斯　第 11 站
佛羅倫斯　第 12 站
米蘭　第 13 站
拜倫

▲不知道是否天氣不好，納許市場看起來有些許冷清

林果經驗談：果媽回國仍念念不忘的超級美食

正當我跟果媽有點意興闌珊，準備離開時，果媽突然眼睛一亮，發現一家肉品店櫥窗裡，整盤炸得酥脆的大豬腳，一支居然只要 3.9 歐？聖誕市集的熱狗堡，一份就要 3 歐，這裡一支豬腳才 3.9 歐，有可能嗎？

▲揉揉眼睛，確定沒看錯是一支豬腳 3.9 歐

唯恐看錯的果媽趕緊叫我確認，當我看到標價牌上寫著豬腳（Heurigen Stelze）每支（stück）3.9 歐時，雖然興奮，但怕有陷阱，於是決定先買一支，沒想到，真的是一支 3.9 歐耶（台幣 150 元）！

我跟果媽當場「試吃」烤豬腳，酥脆外皮加上烤肉鮮嫩多汁，調味也很台灣，和鹹酥雞的美味不相上

▲推薦大家有機會一定要嚐嚐這家老店的烤豬腳！

第1站
巴黎

第2站
阿姆斯特丹

第3站
柏林

第4站
布拉格

第5站
布達佩斯

第6站
維也納

第7站
薩爾斯堡

下，好吃到我跟果媽立馬決定，再衝進店裡買兩支，全家三人都對豬腳讚不絕口。沒想到在柏林沒吃到的美味豬腳，居然在維也納吃到了。

離開維也納之前，果媽心心念念的必做清單，就是再買一次烤豬腳。

關於 RADATZ 的美味豬腳

「RADATZ」是個有 120 年歷史、多年榮獲維也納超級品牌的老店，本身是肉品、香腸、火腿的製造商，在眾多分店中，可內用也可外帶，目前在納許市場的分店已結束營業，可上官網查詢市區內的分店：www.radatz.at

另外，在歐洲買菜，一定要確認價格的「單位」，歐洲慣用「公斤 kilo」，有時是「一個 stück」，單位不同，價格可是差很多。

城市任務

來一場《愛在黎明破曉時》的閒晃

每座城市都有自己的個性，每個旅人也有自己和城市玩遊戲的方法。

電影《愛在黎明破曉時》中，當男主角邀請女主角下火車，一起在維也納「街頭流浪」一晚時說：「我沒錢住酒店，只能在街上閒晃一晚，如果能和妳一起，一定會很有趣。」其實未必一定要有人相伴，自己陪自己來一場《愛在黎明破曉時》的閒晃，肯定也很有趣。

私推散步景點

- 皇家花園
- 城市公園
- 應用藝術博物館
- 綠色雙橋
- 百水公寓
- 普拉特遊樂園
- 聖史蒂芬教堂
- 聖伯多祿教堂

千秋王子也愛去・皇家花園（schönbrunn Palace and Park）

「皇宮花園免費開放」的潛規則，除了巴黎、柏林，在維也納也適用。美景宮、美泉宮、霍夫堡的城堡公園、人民公園，過往都是皇家私有領地，如今開放成為免費公共財，對所有市民和旅人都是福音。電影《交響情人夢》男主角千秋王子在維也納留學時，都懂得一早去美景宮花園慢跑，吸收靈氣。

小約翰・史特勞斯在這開演奏會・城市公園 Stadpark

身為維也納的「公園始祖」，城市公園不僅佔地廣大，和音樂更有著密不可分的淵源。

建議從地鐵站 Stadtpark 旁的維也納河門戶（Wien-flussportal）開始遊園，一出地鐵站，便能看到如同中世紀廢墟美學的古典城門，眼前的河流一路從美泉宮流進維也納市區，成為最天然的護城河，最後經城市公園，匯入多瑙河。

入口處旁的庫爾沙龍音樂廳（Kursalon Wien），是華爾滋音樂會最受歡迎的舉辦場

▲因為「華爾滋之王」小約翰：史特勞斯和城市公園的緣份，因此在此立有一座小金人雕像紀念他

169

第 1 站
巴黎　　第 2 站
阿姆斯特丹　　第 3 站
柏林　　第 4 站
布拉格　　第 5 站
布達佩斯　　第 6 站
維也納　　第 7 站
薩爾斯堡

所，說起「華爾滋之王」小約翰・史特勞斯和城市公園、音樂廳的緣份，這裡可是他的個人首場音樂會所在地。因此在公園中有一座小約翰的金色雕像，也是城市公園的最佳地標。

小約翰・史特勞斯所作的《藍色多瑙河》，是維也納市民心中的「第二國歌」。每年享譽世界的維也納新年音樂會，不管指揮家和曲目單怎麼換，《藍色多瑙河》永遠是音樂會的壓軸曲目，可見其受歡迎的程度。

茜茜皇后的老公蓋的・應用藝術博物館 Museum für angewandte Kunst

看膩了博物館裡的繪畫和雕塑？真心推薦一訪公園裡的「MAK 應用藝術博物館」，是我心中維也納博物館排行榜第二名，展品既貼近生活又華美，一點也不枯燥無聊，

▲看膩博物館，就走一趟應用美術館，絕對不會讓你失望

博物館由皇帝弗蘭茨・約瑟夫一世（茜茜皇后的老公）在 1871 年創立。和一般博物館不同，這裡主要收藏從巴洛克到現代的「裝飾品和家具」，所以就算不懂任何美學，也能輕鬆愉快的欣賞。更棒的是，博

第8站
慕尼黑　第9站
弗萊堡　第10站
威尼斯　第11站
佛羅倫斯　第12站
米蘭　第13站
科隆

物館每週六晚上入場免費（2023 年持 VIENNA PASS 可免費入場，優惠方案會更動，請依官網最新發佈為準）。

新藝術瑰寶的浪漫邂逅・綠色雙橋 Zollamtsbrücke

再往公園北走，就會在河道上遇見一處名場面：上下綠色雙橋，這裡正是《愛在黎明破曉時》男女主角下火車後的首個景點。

建於 1900 年新藝術風格的鑄鐵橋是不是很眼熟？沒錯，同年巴黎大皇宮的玻璃鑄鐵穹頂如出一轍：大塊透明玻璃＋綠色鑄鐵件。誰叫新藝術是當年最時尚、最流行的建築風格呢。

新藝術迷朝聖景點・百水公寓 Hunderwasser Haus

喜歡新藝術的人，別錯過附近的維也納藝術村和百水公寓，從公園步行約十五分鐘腳程。和綠色鑄鐵不同，百水公寓是充滿色彩、曲線，有著童話加藝術氣質的可愛公寓，完全呈現另一種新藝術樣貌。

▲藝術之家百水公寓

第1站
巴黎　　第2站
阿姆斯特丹　　第3站
柏林　　第4站
布拉格　　第5站
布達佩斯　　第6站
維也納　　第7站
薩爾斯堡

🎞 最老摩天輪接吻名場面・普拉特遊樂園 Prater Park

普拉特遊樂園不用門票，但各項設施需單項付費。這裡沒有嶄新的遊樂器材，也沒有迪士尼般的夢幻華麗，倒是有點像台灣的兒童樂園，懷舊氛圍中承載著兒時回憶。

說起遊樂園的前身可是大有來頭。此處原是皇家狩獵場，1766 年，約瑟夫二世（瑪麗亞・泰瑞莎的兒子）加冕為神聖羅馬帝國皇帝後，覺得古羅馬人有泡澡當娛樂，身為新羅馬帝國皇帝，他的子民也要有自己流行的娛樂活動，於是下令將皇家狩獵場開放，讓人民可在裡面享受騎車、保齡球、熱氣球。為了青史留名，聽說過皇帝蓋教堂、蓋皇宮，但是爭「誰的娛樂比較好玩」第一名，真還是頭一次遇見，而且還是遠在 250 年前。

皇帝帶頭玩樂，人民自然樂見其成。於是在狩獵場裡，葡萄酒館、啤酒館、咖啡店、薑餅店、肉品店，一家接一家的開。事實證明，皇帝還是挺有遠見的，一百多年後，1873 年維也納搶到世界博覽會主辦權，同年也是弗蘭茨・約瑟夫一世（又是茜茜皇后的老公），這位奧匈帝國國父登基 25 周年紀念，可想而知，把這屆世博辦好是多麼重要的大事。

為了展示奧匈帝國的實力，彰顯國家的繁榮，普拉特公園成為世博會展場，為了建造世界上最大的一座圓頂大廳，當時所挖出的土，足以在公園裡堆成一座新的康斯坦丁山丘。17 年後，1900 年世界博覽會在巴黎，輸人不輸陣，法國人大舉興建車站、建築、巴黎大皇宮……等建築，以博覽會之名，行建設城市之實，順便展現先進的工業技術。

🎀 林果祕筆記 》普拉特遊樂園有全世界最古老的摩天輪

遊樂園裡其實有兩座摩天輪，哪一座才是最古老摩天輪（Wiener Riesenrad）？很好認，復古車廂居然大到一次可容納十五人，而不是現在的四人座！可見當年偶像劇不流行在摩天輪裡告白，車廂這麼大，根本無法營造曖昧又充滿心跳的情境啊！但是，偏偏這裡是《愛在黎明破曉時》，男女主角首吻的名場面之地，難道是因為場地大好架攝影機位嗎？

老摩天輪到底有多老？1897年由英國工程師歷時八個月建造，算一算已有上百年了，據說本來是三十個車廂，但二戰時毀損修復後，車廂只剩一半，不過至今還能正常運作喔（雖然搭的時候可能心裡會怕怕的）。

普拉特除了遊樂場，還有大面積的草坪和樹林，如果想逛完全部，建議選個天氣好的日子來這裡騎腳踏車，絕對會比走路更適合。或是和劇中男女主角一樣，挑個傍晚日落時分前來，與其冒著在烈日下行走、被曬乾的可能，不如欣賞夜晚點燈後的遊樂園，更加舒適浪漫。

莫札特的婚禮和喪禮・聖史蒂芬教堂 Domkirche St. Stephan

來維也納沒去聖史蒂芬教堂，如同到巴黎沒去聖母院。

▲維也納的莫札特雕像

▲大雪中的聖史蒂芬教堂，讓我不禁想到莫札特逝世時是否也是這樣的大雪天

行前排兵佈陣

解鎖城市任務

結語

173

第1站
巴黎

第2站
阿姆斯特丹

第3站
桓杯

第4站
布拉格

第5站
布達佩斯

第6站
維也納

第7站
薩爾斯堡

聖史蒂芬教堂在維也納的地位不凡，因為它見證過一位音樂天才生命中的兩大重要時刻：莫札特的婚禮和喪禮。令人惋惜的是兩者相距不到十年。當莫札特逝世時，也是他最落魄的時候，據說聖史蒂芬教堂是第一座為他敲響喪鐘的教堂。

選一個有陽光的日子來教堂，室內石牆石柱，會染上玻璃窗花的繽紛七彩，你會忘記身處教堂，以為自己走進一朵花裡，見證最神祕的斑爛絢爛。不知道當年婚禮上莫札特是否也看到同樣的瑰麗？

◀▲聖史蒂芬教堂，樸素的內部映上七彩光影後顯得斑斕壯麗

聖伯多祿教堂・最華麗的巴洛克式教堂

走累了？那就學學電影裡的男女主角，看看附近有沒有免費開放的教堂，進去坐坐休息吧。

在安可鐘和聖史蒂芬教堂附近，步行約五分鐘，有座聖伯多祿教堂（Katholische Kirche St. Peter，亦有人稱聖彼得教堂），是全市第二老的教堂。但這座老教堂「表裡不一」，外表樸實無華，室內令人驚豔。

繁複華麗的巴洛克風格，加上用黃金裝飾的管風琴，讓時空宛若凝結，停留在 18、19 世紀。據說教堂每天都有演奏表演，但做彌撒時會管制，不讓觀光客進入打擾。我覺得旅行時偶爾也可以作個「偽當地人」，純體驗，不拍照，不做出任何打擾彌撒的舉動。

坐在雕刻精美的老木椅裡，靜靜的望著教堂華麗裝飾與繪畫，沉靜祥和的氛圍慢慢感染我們，旅行的疲累、躁動、不安，都在此獲得療癒、平靜。教堂是旅人暫歇的安心之所；那人生旅途的教堂又是哪裡？

這麼美的教堂卻不收分文，實在佛心，臨走前我們決定捐獻小小金額，以表達心中感謝。

第1站
巴黎 第2站
阿姆斯特丹 第3站
柏林 第4站
布拉格 第5站
布達佩斯 第6站
維也納 第7站
薩爾斯堡

**結語 維也納
教會我的事**

　　某天我和果媽、果姊分開行動，但通關房卡只有一張，所以我們約好在大門前碰頭。這天氣溫零下五度，街上下著大雪，我在大門前等待，旁邊是一家咖啡店。

　　等待的時候，咖啡店女服務生出來了，我發現她一邊點亮窗台蠟燭燈，一邊偷偷觀察我，走到我旁邊時，她開口邀請我進咖啡店裡坐一坐，看到我在猶豫，她趕緊補充說明，不用點任何東西也沒關係。因為家人快到了，其實我不介意在街上等，但她的舉動讓我覺得特別溫暖……讓人特別不想拒絕她的好意。

　　天剛擦黑，晚餐人潮未到，整間店只有她、我，和一位坐吧台前的老先生。她邊擦杯子邊和老先生話家常，看來是熟客。昏黃溫暖、古色古香的店裡，他們有時聊天，有時安靜，空氣中好像有魔法，祥和又安靜。

　　後來我才知道，在寒冷日子裡，給街上等待的人一個溫暖的座位，是維也納咖啡店的傳統。一開始出自於個別咖啡店的善意舉動，不知何時開始，一傳十、十傳百，慢慢成了維也納咖啡店的一種默契，也成了維也納咖啡店的騎士精神！

2011 年維也納咖啡文化（Wiener Kaffeekultur）被列為非物質世界文化遺產。我常常想，到底什麼叫「咖啡文化」？我問過巴黎這個問題，巴黎說：「是哲學和文學的庇護所，是思想激辯的聖殿。」我問維也納，維也納卻給了我完全不同的答案：「只要有咖啡館，街上就沒有挨凍的旅人。」

　　我覺得這就是旅行最大的魅力吧！帶著疑問上路，如果足夠幸運的話，如果一個城市願意接納你的話，會帶你體驗，也會給你答案。

住宿
317€
交通費
95€
門票及食費
129€

花費結算榜

實際花費 =541€
計劃預算 =777€
本站總結 = 盈餘 236€
預算佔比 =5%

目前預算 = 盈餘 741 €

177

維也納
Wien

跨 境 移 動

薩爾斯堡
Salzburg

N
W E
S

維也納西火車站是通往奧地利其它城市的門戶，也是個先進、現代化的火車站，結合商場、超市、百貨，等車時也不怕無聊。因為維也納一直給我們治安良好的印象，所以在大廳等車很放鬆，渾然不覺此時的我們早已被扒手盯上。

當我們拖著行李到月台，準備上車時，出現一家三口的外國人，金髮碧眼的小女孩，完全無法和所謂的「扒手」形象連結，直到

上火車、搬行李、故意施力不慎、害我跌倒、製造混亂，我才緊急意識到：我們再次遇見扒手了！

我察覺到背包拉鏈已被拉開，裡面有我的筆電和私人資料，趕緊將背包壓向車廂牆壁，讓對方無從下手，想起對方聽不懂中文，趕緊大喊，提醒家人提高警覺。好在最後沒有任何損失，對方也識趣的下車離開。

這一次的事件讓我們鬆懈的警戒心，再次上緊發條：沒有百分百安全的車站，只有要不要出動的扒手。

從維也納到薩爾斯堡，屬國內移動，車程三小時，車票原價 50 歐，早鳥票到手價 19 歐，三人省 3500 元台幣。

旅費進度條 〔41%〕餘額　日程進度條 〔44%〕倒數

第7站

奧地利

Salzburg

莫札特故鄉
薩爾斯堡

心願清單

- ☑ 薩爾斯堡聖誕市集
- ☑ 薩爾斯堡要塞
- ☑ 米拉貝爾宮
- ☑ 莫札特
- ☑ 世界文化遺產：薩爾斯堡老城區

行前排兵佈陣

▲買薩爾斯堡卡，可一次解決交通、門票

▲住宿費、物價偏高，需要精算停留日數

日程規劃

薩爾斯堡不大，是個保存完好的精緻古城，參觀景點頗多，買一張城市卡有助於控制預算，在城市卡時效之外，可再多規劃一天於城中漫步。在此停留三到四天，都算合理規劃。

GET 交通 & 城市卡

薩爾斯堡是座山城，平地老城區不大，散步可逛完全程，但部份景點位於山上或郊外，想要更有效率的參觀，買一張「薩爾斯堡卡」便可暢通無礙。

祕筆記

林果 史上最強城市卡

因為薩爾斯堡卡實在太超值，所以我決定一定要去薩爾斯堡一遊。

老城區必看景點，門票隨便加一加就要 60 歐，有了薩爾斯堡卡，門票等於只要半價，甚至連交通費、纜車費也全包了，遇到大排長龍隊伍還有快速通關特權，部份餐廳、商店、音樂會票券還有小折扣。

　　不只卡片超值，使用小冊也做得很貼心，每個景點依「免費」和「折扣」分類，門票價格，依「原價」和「折扣價」並列，一目了然，省了比價時間。透明、公開、方便，就是薩爾斯堡卡給我的感受，讓人對小鎮好感度飆升，怎麼能錯過這麼棒的卡片和城市？馬上將行程安排起來！

2023 年老城區必看景點票價

景點	門票原價	持卡價格
老城中心		
莫札特出生地	12 歐	免費
莫札特故居	12 歐	免費
薩爾斯堡大教堂區	13 歐	免費
薩爾斯堡要塞	13.3 歐	免費
薩爾斯堡博物館	9 歐	免費
小計	59.3 歐	
郊區		
海爾布倫宮	13.5 歐	免費
溫特斯山纜車	28 歐	免費
小計	41.5 歐	

薩爾斯堡卡價格（旺季：5-10 月／淡季：11-4 月）

效期	2012 淡	2012 旺	2023 淡	2023 旺
24 小時	22 歐	25 歐	27 歐	30 歐
48 小時	30 歐	34 歐	35 歐	39 歐
72 小時	35 歐	40 歐	40 歐	45 歐

薩爾斯堡卡官網

◆ 以小時為單位，啟用時間如為早上九點，可用到隔日早上九點
◆ 孩童票半價
◆ 可在網上買數位票

GET 住宿

　　十二月的歐洲實在太冷了，加上住的民宿在山上，所以我們決定奢侈一下，直接搭計程車上山。為求謹慎，不管搭車還是買東西都請對方先報價，問清楚，可以就要、不行就走，旅行時要拋開所有的「不好意思」，才能有效降低悲劇發生機率。

　　但到了民宿門口，一個突降考驗，讓我們當場傻愣。

　　房東說把鑰匙留在信箱中，但眼前有上百個信箱，沒有一個寫著房東的名字，哪一個才是對的信箱？在電話裡雙方雞同鴨講，我想與其等房東來救，不如自救。最簡單有效的方法，就是直接伸手摸，看哪個信箱有機關。沒想到還真讓我們摸到一條繩子，另一端掛著鑰匙，但信箱上寫的名字，完全沒在指示信上提及，這房東還真是烏龍。

　　不管怎樣，好在有驚無險地又過了一關。

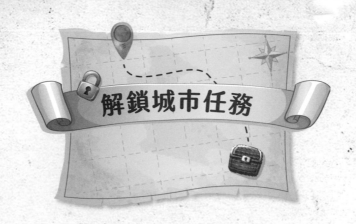

解鎖城市任務

城市任務

歐洲最強之盾：薩爾斯堡要塞

- ・薩爾斯堡卡內含門票、纜車、快速通關權和免費中文語音導覽器
- ・纜車於 1892 年修建，號稱奧地利最古老纜車
- ・要塞很大，深慢遊參觀，至少需花半天時間
- ・記得攜帶午餐和飲水上山
- ・戶外瞭望台，是俯瞰整個薩爾斯堡的絕佳視野

　　薩爾斯堡（Salzburg）是由德文中的「鹽」Salz 和「城堡」burg 兩字組合而成，顧名思義，這座山谷中面積不大的小城，因有鹽礦加持，豐饒富庶，加上地理位置特殊，處在巴伐利亞、奧地利、神聖羅馬帝國等列強環伺中，有錢加上小國，等於是誰都想吃的香噴噴嘴邊肉，也因此分分鐘活在戰爭開打的邊緣。但神奇的是，一千多年來薩爾斯堡卻始終平安，從未深陷戰火，全歸功於矗立山頭的「歐洲最強之盾」，薩爾斯堡要塞（Festung Hohensalzburg）。

第8站
慕尼黑　　第9站
弗萊堡　　第10站
威尼斯　　第11站
佛羅倫斯　　第12站
米蘭　　第13站
科隆

最強之盾不敗的真相

　　薩爾斯堡要塞建在五百公尺高的岩石山丘上，居高臨下、易守難攻，是歐洲現存最大、保留最完整的 11 世紀要塞。但若細讀歷史，所謂的「零敗、無敵」……很可能是一種為了嚇退敵人的「宣傳」手法。

▲從主教廣場仰望薩爾斯堡要塞，易守難攻的地理優勢，的確令人生畏

▲要塞上除了軍事設施，也有教堂、戶外廣場，簡直就是一個自給自足的天空小城鎮

▲用薩爾斯堡卡可以免費搭乘纜車，直達最強歐洲之盾要塞

▲想像當年的主教們也是站在高處，從要塞俯瞰薩爾斯堡

第1站
巴黎
第2站
阿姆斯特丹
第3站
柏林
第4站
布拉格
第5站
布達佩斯
第6站
維也納
第7站
薩爾斯堡

因為從 11 世紀開始建築要塞後，居然無人敢前來攻打薩爾斯堡！零戰當然也就零敗！當我站在山腳下仰望要塞，發現原因：眼前垂直的陡峭山壁，光是看，信心立馬涼了一半，誰還敢發兵？於是薩爾斯堡就在山腳下偏安一千年。

可是一千年後，有個人不信邪，決定率軍出征，那個人就是拿破崙，等到兵臨城下，正摩拳擦掌、磨刀霍霍打算挑戰千年傳說時，薩爾斯堡居然……直接投降了！呃，說好的最強之盾呢？沒有「攻」哪來的「破」，因此至今要塞仍保持「零攻破紀錄」。

但也或許是這樣的巧智機敏，一千年來薩爾斯堡長治久安，避禍成功，老城區也因此保留許多古蹟。繼布拉格之後，薩爾斯堡老城區在 1996 年也被列入世界文化遺產。

不可不知的蘿蔔主教

薩爾斯堡並非首都，因此沒有國王統治，也沒有皇宮，在政教合一的千年歷史中，「主教」就是薩爾斯堡的最高統治者，所有奢華的建築都和主教有關：主教宮、主教座堂，甚至連要塞也是主教推動的。要塞雖不似皇宮城堡華麗（畢竟是為了防禦戰爭而建），但很有歐洲中古世紀的樸素氛圍，除了防禦，也是歷任主教的居住地之一。

第一展廳很有歷史意義，用模型清楚展現了歷代主教們跨世紀、合作共建的「要塞建造」進度條。從 11 世紀到 16 世紀，誰增建哪些牆，誰添了堡壘，誰蓋了教堂，經過五百年修煉，最終形成今日有一萬多坪的雄偉全貌。一萬多坪是什麼概念？大約是十座小巨蛋演唱會場地的面積。

▲萊昂主教又稱蘿蔔主教，讓薩爾斯堡轉虧為盈

我們目前看到的要塞最終版，主要是 1495 年至 1519 年的萊昂哈德主教·（Leonhard von Keutschach），為大家呈現的晚期哥德風。

說到萊昂主教，絕對是令人印象最深的一位，別的主教徽章用的是雄偉猛獸，偏偏萊昂主教用的居然是一顆「白蘿蔔」？難道他也知道吃菜頭、好彩頭的寓意？而且他還真的是「好彩頭」代表，因為在他的統治下，薩爾斯堡城市帳戶轉虧為盈，一舉成為神聖羅馬帝國中最富庶的統治區之一，是一位持家有道的主教。因此對薩爾斯堡人來說，蘿蔔和萊昂主教，都是「繁榮富庶」的代名詞。

文化任務

荒誕主教們的享樂行宮

· 主教的辦公室：薩爾斯堡主教座堂
· 主教的家：薩爾斯堡主教宮殿
· 主教與情婦的家：米拉貝爾宮
· 主教避暑行宮＋惡作劇遊樂園：海爾布倫宮

薩爾斯堡主教不是國王，卻勝似國王，集權力財富於一身。

雖然主教是宗教神職，但並非人人刻苦清修，加上鹽礦收入頗豐，有些主教不只過著比國王還奢靡的生活，其中兩位活得特別出彩，我暱稱為「情婦主教」和「惡作劇主劇」，跟著兩位荒誕主教留下的歷史痕跡，一同探索薩爾斯堡的過往歷史。

情婦主教·主教座堂與主教宮殿 Salzburger Dom & Residenz

老城區的心臟是主教廣場。主教廣場的心臟是主教座堂和主教宮殿，目前看到的義大利巴洛克風格的版本，是由「情婦主教」沃爾夫·迪特里希（Wolf Dietrich von Raitenau）所建。沃爾夫·迪特里希雖是主教卻有情婦，兩人還生了十五個小孩。

　　不只是台灣古蹟有自燃體質，歐洲古蹟自古以來也有自燃的傳統。在沃爾夫‧迪特里希任職期間，一場大火將教堂燒毀，沃爾夫‧迪特里希為了實現夢想藍圖，於是名為重建教堂，實則變相重劃土地，強制拆毀眾多民宅，以便建造更寬闊的主教廣場、奢華的主教宮殿，還有他偏愛的義大利巴洛克風格主教座堂。

▲今日看到的主教座堂屬於義式巴洛克風格，繁複華麗，莊重和諧

🦋 林果經驗談

　　主教座堂內部看點，除了裝飾華麗、豪華的穹頂之外，不可錯過的重點就是受洗池，兩百多年前剛出生的小莫札特就是在此受洗。

　　當年作為主教居所的主教宮殿，現今改為數個博物館和藝廊，展出主教們的藝術收藏和教堂的珍貴文物，因出入口不同，想找到入口需要一點運氣和細心。

　　參觀主教宮殿時，一位館方老先生特別提醒，露台是可以出去的喔。原來，在主教宮殿和教堂中間，有一個室外迴廊可以相通，這是當年為了讓主教可以直接從「自己家」走到「辦公室」特別設計的。從二樓室

外迴廊可以俯瞰整個主教廣場，廣場正中央的巴洛克式噴泉也是古蹟之一。聖誕節期間，廣場搖身一變成為聖誕市集。站在二樓露台的我們，想像當年權傾一時的主教，就是站在這裡俯（監）看（視）他的子民。

▲參觀主教宮殿時，別忘了到露台，可俯瞰廣場，這裡也是薩爾斯堡最大聖誕市集所在地

情婦主教‧米拉貝爾宮 Schloss Mirabell

話說情婦主教真的很有趣，被燒毀的教堂遲遲不見動工（到他卸任時都還未動土），但為情婦所建的宮殿，倒是半年內就迅速完工，真是令人無言以對。

為了逃離舊城區對他和情婦的指指點點，某年冬天中風後，主教便以「休養身心」的名義，於1606年下令在教堂對岸建造宮殿。他說：「在上帝的恩典中，我統治著奔流不息的薩爾斯堡，但我的身體卻承受著疾病之苦，於是我建造了這座安靜的建築，作為讓生活平靜停靠的港灣。」他的「平靜生活」，指的就是與情婦莎樂美（Salome Alt）和孩子們生活之處，並以情婦姓氏命名的阿爾特瑙宮（Schloss Altenau）。

至於為什麼阿爾特瑙宮，後來改名為米拉貝爾宮呢？

俗話說，鐵打的衙門流水的官，權力再大，終究抵不過瞬息萬變的政治局勢。情婦主教失勢後，在逃亡途中被後來的繼任者，也就是他侄子馬爾庫斯主教所捕獲，並將他囚禁在薩爾斯堡要塞中。雖然馬爾庫斯也喜歡義大利巴洛克風格，但為了洗去前任主教為情婦蓋宮殿的記憶，他決定改名為米拉貝爾宮。

至於情婦莎樂美和孩子們也曾被捕囚禁，後來獲得釋放並離開薩爾斯堡，在一處鄉居落戶長大。據說莎樂美和情婦主教從此再也沒有相見，但莎樂美至死都穿著喪服。其實，如果排除「主教」這個身份，聽起來倒像個感人的愛情故事（咦？）

林果私推薦 天使階梯·大理石廳

今日的米拉貝爾宮作為薩爾斯堡的市政廳，除了市政廳使用區域不開放之外，米拉貝爾宮的天使階梯、大理石廳、花園皆對外「免費開放」。個人真心推薦「天使階梯」和「大理石廳」非常值得一遊；尤其是天使階梯，堪稱是最特別的一道樓梯。

不規則的幾何波浪形狀上，二十二個小天使乘風破浪，隨階梯扶搖而上，小天使們或坐或躺，自在童趣的模樣有別於一般宮殿的嚴肅，有種身處天堂的快樂。大理石廳如同其名，以大理石為基底加金箔裝飾，雖說這裡並非皇宮，但裝飾的奢華程度也相去不遠了。不愧是神聖羅馬帝國中，號稱「最富庶的自治區」。

另外，著名電影《真善美》中，女主角帶著孩子們唱著名曲《Do-Re-Mi》的拍攝場景，就位在宮中花園和飛馬噴泉處。對果媽來說，電影《真善美》是她青春的回憶，如果帶長輩出行，這裡絕對是長輩們最佳回憶殺景點。

▲米拉貝爾宮的天使階梯有著童趣

第 8 站
慕尼黑　第 9 站
弗萊堡　第 10 站
威尼斯　第 11 站
佛羅倫斯　第 12 站
米蘭　第 13 站
科隆

最後還有一個祕密隱藏景點，就在花園隱匿一角，有一個蘇珊娜噴泉（Susannabrunnen），根據不可靠傳聞指出，蘇珊娜噴泉正是情婦莎樂美的象徵。

▲從米拉貝爾宮殿花園可以直視山頂的薩爾斯堡要塞

▲電影《真善美》名曲《Do-Re-Mi》的拍攝就位在飛馬噴泉，帶著長輩一遊，滿滿回憶殺

惡作劇主教・海爾布倫宮 Schloss Hellbrunn

　　話說當情婦主教失勢後，由馬爾庫斯・西提庫斯接棒統治（Markus Sittikus Von Hohenems，1612-1619 年任職），這位惡作劇主教的荒誕程度和前任相比，簡直有過之而無不及。

　　惡作劇主教也喜歡義大利式巴洛克風格，因此並沒有推翻前任的主教座堂設計圖，甚至親自主持開工儀式。另外還加碼演出，在郊區加蓋一座比米拉貝爾宮更大、更豪華的避暑行宮：海爾布倫宮。可憐的主教座堂，蓋得奇慢無比，得等下一位主教上任才能完工。而享樂用的避暑行宮，又是神速打造完成。

第1站
巴黎

第2站
阿姆斯特丹

第3站
柏林

第4站
布拉格

第5站
布達佩斯

第6站
維也納

第7站
薩爾斯堡

林果私推薦 惡作劇噴泉

　　有四百多年歷史的海爾布倫宮，號稱全歐唯一一座以「戲水」為主題的宮殿，參觀亮點在於無處不在的惡作劇噴泉，但啟動噴泉機關需館方或導覽人員手動操作，能否看到噴泉運作需要碰碰運氣。持薩爾斯堡卡至櫃檯可免費換票。

　　為何稱「惡作劇」噴泉？有時乍看以為只是雕像，但一個不注意，便會從四面八方噴水。據說以前噴的不是水而是紅酒，看著賓客一身狼狽樣，惡作劇主教便笑得開懷，堪稱權勢之人的惡趣味。不知是天意還是人為，這麼荒唐的主教，在正值壯年的 45 歲，突然發燒重病逝世，主教之位只坐了短短七年。

　　海爾布倫宮附近的薩爾斯堡動物園也可持卡免費參觀。有別於一般動物園使用柵欄圈地，此處大量運用自然地勢作為天然屏障，讓人恍若走在自然之中。若是來不及趕回市區衝其它景點，可以考慮來此順遊。搭 25 號公車前往，兩地只相距一站。

文化任務

薩爾斯堡的靈魂：莫札特

　　如果維也納是音樂之都，那薩爾斯堡就是莫札特之都了！

　　1756 年 1 月 27 日莫札特在小鎮誕生，每年的薩爾斯堡音樂節、莫札特音樂節（在莫札特生日當週前後），來自全世界各地的音樂人，相聚於此慶祝並懷念這位偉大的音樂家，若想參與盛會，記得交通和住宿都要提早安排。

　　和莫札特有關的景點，有出生地和故居樓兩處，持薩爾斯堡卡都可免費參觀。

　　莫札特的出生地是一棟三層民宅，展覽內容以「音樂」為主，現場有莫札特使用過的古鋼琴、小提琴，還有珍貴的樂譜。一位中文解說員劉先生，為我們解說牆上每幅畫的小細節，講解到一半，他神祕地帶著

第8站
慕尼黑

第9站
弗萊堡

第10站
威尼斯

第11站
佛羅倫斯

第12站
米蘭

第13站
科隆

我們到屋內一角，說這裡是小莫札特出生時的「角落」，提醒我們在此多吸幾口靈氣，說不定也能像神童一樣厲害。

在對岸的莫札特故居，是 1773 年至 1787 年全家人的住所。正確來說，莫札特只在這裡住了八年。年僅 17 歲的莫札特，被薩爾斯堡主教聘用，看似獲得鐵飯碗，但其實莫札特並不喜歡這份工作。25 歲時和主教決裂，離開薩爾斯堡，前往嚮往的維也納發展。故居這裡主要介紹莫札特「生平」，包括童年家中家具擺放位置等模型，以及父親帶他去世界巡演的路線、介紹影片等。

兩處參觀時間約一至兩小時即可參觀完畢，建議同天可再安排其它行程。

▼莫札特用過的小提琴

▲莫札特住所外觀為明黃色，非常好找

▲儘管有過人天賦，但音樂之路仍舊充滿許多挫折，敬佩他追求夢想的勇氣

結語　薩爾斯堡
教會我的事

　　1756 年，莫札特在薩爾斯堡出生，他在主教座堂受洗，在這裡成長、學習；這裡是他的故鄉，卻也是他用盡全力要逃離的地方。

　　說到莫札特，首先想到「音樂神童」。3 歲展露才能，5 歲學琴，6 歲作曲，開始到各國宮廷巡演，8 歲寫下第一首交響曲，11 歲寫出第一部歌劇，12 歲被大主教提名為樂團首席。世人歌頌他天賦異稟，羨慕他年少成名，嘆息他英年早逝，殊不知在他短短三十五年的生命中，有長達二十五年的時間，充滿不得志的挫折。

　　17 歲的莫札特，在歐洲各大城市巡演，受到無數讚賞，但想求得一職卻處處碰壁，追求心儀女孩也失敗，挫敗回國。為了謀求一職，父親甚至向主教低頭請求。雖然有工作，但不能寫最愛的歌劇，還得忍受低薪與主教的辱罵，17 歲叛逆的莫札特，當然不甘心就此將就。

　　在職期間，莫札特不斷向外尋找突破口。德國、法國，前往任何可能實現音樂夢想的城市，但還是未能獲得一官半職，長途旅行反而讓他負債累累。不得已只能回家，再受主教更鄙視的辱罵。

　　已經 25 歲了，接連兩次追求夢想都失敗，此時應選擇向現實投降，還是選擇繼續追求夢想？很多人可能會選擇前者。但如果生命只剩十

第 8 站
慕尼黑

第 9 站
弗萊堡

第 10 站
威尼斯

第 11 站
佛羅倫斯

第 12 站
米蘭

第 13 站
科隆

年，又會選哪一個？

25 歲的莫札特，當然不知道自己十年後會死，但他仍想忠於內心的聲音。他反抗主教，無法認同父親要他寫信道歉的勸說，最終選擇離開前往維也納。異國他鄉的生活儘管不太安穩，但同時也擺脫一切束縛。這會不會是他生命中最快樂的十年？

期望是別人的，人生是自己的；努力過，失敗也不後悔。

自己的人生自己做決定，自己承擔。

莫札特最終勇敢選擇：成為自己想成為的莫札特。

我相信選擇做自己的他是快樂的，因為即使生命中有那麼多挫折，但是在他的音樂中，完全感受不到人間沉重，只有純粹的歡愉，我相信他一定不後悔自己的選擇。雖然莫札特只活了短短的 35 年，雖然有形的生命已經消逝，但他的作品、他的音樂將超越時間與空間，永恆地存在所有人心中。

行前排兵佈陣　解鎖城市任務　結語

住宿
222€
交通費
69€
門票及食費
123€

花費結算榜

實際花費 =414€
計劃預算 =333€
本站總結 = 超支 81€
預算佔比 =3%

目前預算 = 盈餘 660 €

薩爾斯堡
Salzburg

跨境移轉

慕尼黑
München

N
W E
S

Departure:
08:09
from
Salzburg Hbf

Arrival:
10:18
at
München Hbf

©Bayerische Schlösserverwaltung
(Photo KreativInstinkt)

薩爾斯堡地處國境邊界，歷史上常被德國和奧地利搶來搶去，今日是德國人，一場戰爭後可能就變奧地利人。

因地利之便，薩爾斯堡火車站裡，就有德國國鐵售票機。明明從薩爾斯堡到慕尼黑是跨國火車，買的卻是德國邦票，不用訂票，在售票機買票即可，大約一小時就有一班火車。換算下來一人車費不到台幣 400 元。德國售票機可查詢班次、轉乘資訊，還能將資訊列印出來隨身攜帶，非常貼心。

移動日這天，我們決定把搭計程車的 10 歐省了，利用城市卡最後時效搭公車前往火車站。真是佩服我們的勤儉持家。

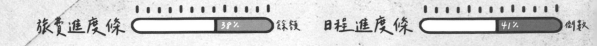
旅費進度條 〔 38% 〕 餘額　　日程進度條 〔 41% 〕 倒數

第 8 站

德國

München

童話城堡王國
慕尼黑

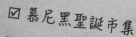

心願清單

☑ 慕尼黑聖誕市集

☑ 入住奧運村

☑ 寧芬堡　　　　　☑ 德國香腸堡

☑ 博物館　　　　　☑ 世界文化遺產：

☑ 紐倫堡　　　　　　　新天鵝堡（預備名單）

☑ 穀物市場　　　　　　林德霍夫宮（預備名單）

行前排兵佈陣

▲ 從薩爾斯堡進慕尼黑，方便又便宜

▲ 跨國移動買德國拜揚邦票，抵達後可再當慕尼黑一日車票使用

▲ 行程分「市區」和「邦區」安排

▲ 購買巴伐利亞城堡卡

日程規劃

慕尼黑住宿偏貴，景點分散，建議先將景點分為三類：市區、郊區、邦區。

郊區：主題是「狂王城堡」之旅，以南邊阿爾卑斯山脈為主。

邦區：景點多，例如羅騰堡、紐倫堡、奧格斯堡……若每個堡都想去，最好採「自駕遊」+「順遊」方式最方便。

有大行李的人，建議用「定點居遊」，以慕尼黑為中心，當天來回。好處是不用拖著行李移動，缺點是交通時間花費多。

老實說，如果所有的「城堡」都去，對時間和預算都是負擔，旅行也要學會斷捨離。我建議可選擇一至二個有故事，有特色的城堡參訪即可，用心感受，比匆匆打卡十個點，收穫來得更多。

GET 交通

德國人對車票真的很執著，所以我們即將面對史上最複雜車票系統。

簡單來說，慕尼黑交通有愈「多人」一起，玩愈「多天」愈「超值」體質。

不符合體質的人也別擔心，把握一個大原則：把景點分「市區」＋「邦區」，也能輕鬆過關。

祕筆記 林果 ★ 邦區，用邦票搞定

在德國想省交通費，一定要知道邦票！

德國分十六個邦，每個邦有首府和自己的邦票規則。

身為德國面積最大的拜揚邦（Bayern，也有音譯作巴伐利亞邦），光面積就是台灣兩倍大，邦中的城市沒有一百也有五十個。如果每個城市都有各自不同的車票、收費規則，天下就要大亂了。這時只要有「邦票」，便可全邦走透透，從公車、電車、地鐵到火車都可搭（限慢速火車 RE、RB，不適用長途、夜車、快速車種）。重點是：這麼神奇的車票不只方便，還超級便宜。

▲慕尼黑車票售票機看似複雜，其實只要搞懂邏輯，買票非常簡單

舉例：參觀新天鵝堡，必須先搭火車到富森站（Füssen），慢速火車單程票價就要 22 歐，來回 44 歐（2012 年），等於光車費三人就要台幣 5000 元，未免太貴，這樣真的有合理嗎？而且還沒加公車、地鐵來回車費！

買邦票可以省多少？三人一日團體票 30 歐（2012 年），約台幣
1125 元，還包含公車、地鐵費用，比百貨公司週年慶打折還驚人！這
麼神奇的拜揚邦票（Bayern Ticket），在神奇的德國售票機上即可購得，
臨櫃購買有 2 歐手續費。

拜揚邦票價格（歐元）

	2012 年	2023 年	平均 1 人
1 人	22	27	22 ／ 27
2 人	26	36	13 ／ 18
3 人	30	45	10 ／ 15
4 人	34	54	8.5 ／ 13.5
5 人	38	63	7.6 ／ 12.6

◆ 票價為二等艙價格，非夜票、一等艙價格
◆ 邦票規則繁多，且每邦不同，使用前建議上各邦官
　網詳細查詢
◆ 使用時間為當日早上 9 點到次日凌晨 3 點
◆ 星期六、星期日及公眾假期使用時間自午夜起

拜揚邦票官網

秘筆記 林果

市區，用地鐵票搞定

市區交通有點複雜，以慕尼黑有 7 區 ×2 種人數 ×6 天的組合，如
同自助餐 buffet 般的 84 種豐富選項一字排開！這麼多怎麼買？先別慌，
有密技！

攻克關卡前，先將任務拆成三個小關卡：區域、人數、天數。

步驟 1：確定區域

2020 年慕尼黑交通改制後，以 1+6 共分 7 圈劃分。中心核心圈為
「白底 M 區」，依次再往外分 6 個圈，總共 7 圈。看似複雜其實簡單，
重大景點都在 M 區（包括寧芬堡、奧林匹克公園、BMW 總部），總而
言之，市區行動「買 M 區就夠用了」。

此外，達郝集中營位在 1 區，慕尼黑機場在 5 區，若有需要，單獨買 1 日跨區車票即可。想去的地方不確定在哪一區？請先確認交通站名，再上慕尼黑交通官網，下載最新市區交通地圖便可一目了然。

慕尼黑交通官網

步驟 2：確定人數 + 天數

以核心 M 區來說，破解密技就是：「單日票 VS. 週票 VS. City-TourCard」，三者誰最便宜？

單日票和週票是純交通票，CityTourCard 另外包含 80 多個旅遊景點打折的功能，基於個人只對「免費」有感，對「折扣」無感，所以暫且把 CityTourCard 也當作純交通票來比較。以巴黎和維也納經驗，「週票」最超值，就不知慕尼黑是否同理可證？接下來，我們把各種票券一起擺桌上同步剖析。

德國交通破解術：我的比價流程

步驟 1：以「一人一日」為比價基準點
步驟 2：算出每種票券的「一人一日」價格
步驟 3：開始興奮的比價 battle ！

單次／單日票／週票比價表（歐元）

中心 M 區／歐元	2023 年	平均1日（團體2／3／4／5人）
單人 1 次票	3.7	
單人 1 日票	8.8	8.8 歐！比較基準點！
團體 1 日票	17	8.5 ／ 5.66 ／ 4.25 ／ 3.4 歐
單人 7 日票（IsarCard）	20.2	2.88 歐（最低價）

◆ 使用時間：從驗證日起至次日早上 6 點
◆ 單人 7 日週票（IsarCard）必須為連續七天
◆ 團體票適用 2~5 人團體，15 歲以上視為成人，6~14 歲兒童半票（兩名 6~14 歲兒童視為一名成人）

CityTourCard 系列

中心 M 區／歐元	2023 年	平均 1 日（團體 2 ／ 3 ／ 4 ／ 5 人）
單人 24 小時票	15.5	15.5 歐
單人 48 小時票	22.5	11.25 歐
單人 3 日票	27.5	9.16 歐
單人 4 日票	33.9	8.47 歐
單人 5 日票	39.9	7.98 歐
單人 6 日票	45.5	7.58 歐
團體 24 小時票	24.5	12.25 ／ 8.16 ／ 6.12 ／ 4.9 歐
團體 48 小時票	37.9	9.47 ／ 6.3 ／ 4.7 ／ 3.79 歐
團體 3 日票	41.9	6.98 ／ 4.65 ／ 3.49 ／ 2.79 歐
團體 4 日票	52.9	6.6 ／ 4.4 ／ 3.3 ／ 2.64 歐
團體 5 日票	62.9	6.29 ／ 4.19 ／ 3.14 ／ 2.5 歐
團體 6 日票	73.9	6.15 ／ 4.1 ／ 3 ／ 2.46 歐

◆ 使用時間：3 日票以上從驗證日起至次日早上 6 點

◆ 使用對象：適用 2~5 人團體，15 歲以上視為成人，6~14 歲兒童半票（兩名 6~14 歲兒童視為一名成人）

德國交通破解術：黃金結論

綜合以上，得到「一日一人」最低價是 2.5 歐上下，也就是說：

1. CityTourCard 單人票，低於四日票的選項都不划算，直接排除。
2. 買 CityTourCard 單人四日票，不如買單人一日票四張，價格一樣，行程更彈性。
3. 每日交通如需搭乘三次車以上，應買一日卡較划算。
4. 一人七日是好日：一人旅行，市區排七日最超值。（週票最優理論印證）
5. 五人三日以上也很優：五人玩三天，每人日均車費和週票差不多，雖愈多天愈便宜，但三日之後下降幅度小，每天只差 0.1 歐，無需執著追求。

203

德國交通破解術：幾人幾天都不怕

但若不是一人或五人一起旅行的話又該怎麼辦呢？

那就看你是「人固定」還是「天數固定」派。

人固定派

我們家三人旅行，是「人固定」派，那就找出三人旅行最適宜的天數即可。綜合以上各種數值，歸納出以下結論：

1. 團體一日票 5.66 歐 VS. City Tour Card 團體三日票 4.65 歐 → City Tour Card 團體三日票勝！

2. 三人團體票價格的重大拐點，在二日和三日票的分界（6.3 歐 VS.4.65 歐），三日以上邊際效益遞減，金額差距極小（只差 0.2-0.4 歐），與其為了零點幾歐硬衝日數，施主不如放下執著，還能保持行程彈性。

天數固定派

若「天數固定」，但人不固定者（單人旅行，又住青旅的背包客，可試著揪人出遊），那就善用認識新朋友技能，如能約到五人同遊市區一天，平均一人車資只要 3.4 歐，能認識朋友又能省錢，一箭雙鵰！

德國交通破解術：首次使用，打印日期

不管什麼票，記得首次使用時，都要去打印機打上日期，無日期會視同逃票，會有高額罰款。我個人習慣是，不管什麼票，只要是紙本票，通通拿去打。有日期總比沒日期好，還能貼在旅行本本上當紀念。

GET 城堡卡

分析完交通怎麼省，接下來就是門票怎麼省！

慕尼黑私下被暱稱為德國的「祕密首都」，因為這裡是「文化天龍國」，因為歷史上出了一名城堡狂熱者，不只痴迷還喜歡動手蓋，把蓋城堡當作蓋樂高，加上邦內有許多小古鎮，例如羅騰堡、紐倫堡等等，多達四十多座城堡。簡單來說，巴伐利亞邦就是一個城堡國！

第8站
慕尼黑

第9站
弗萊堡

第10站
威尼斯

第11站
佛羅倫斯

第12站
米蘭

第13站
杜倫

祕筆記
林果

交通就用邦票護體，門票就召喚「巴伐利亞城堡卡」做守護天使，雙卡合體＝城堡無敵通行證！

慕尼黑城堡卡
官網

▲若想省錢，多人同遊，購買邦票加上一張城堡卡，絕對是慕尼黑旅行神器！

巴伐利亞城堡卡分兩種：十四日票和年票。

旅行者十四日票就很夠用，買雙人票還有優惠。像我們家三人，就只能買一張單人票加上一張雙人票。不用糾結天數十四日無法用好用滿，光是參觀慕尼黑市區和郊區城堡的門票差價就已經回本了，再加上邦內的羅騰堡、紐倫堡等等多達四十多座城堡，等著你免費參觀！

巴伐利亞城堡卡 14 日票 / 年票價格

	2012/14 日	2012/ 年票	2023/14 日	2023/ 年票
單人票	24 歐	45 歐	35 歐	50 歐
雙人票	40 歐	65 歐	66 歐	85 歐

◆ 城堡卡非博物館卡，不能當作博物館通行證，也沒有交通卡功能
◆ 城堡卡不能參觀舊天鵝堡
◆ 城堡售票處即可購買，建議挑冷門景點購買，較不用排隊
◆ 雙人年票為家庭票，可含兩名成人及 18 歲以下子女

GET 住宿

這次租的房子很特別，是位於奧林匹克村裡的學生宿舍。1972 年奧運由慕尼黑主辦，除了運動場館被保留，選手村住宅則出租給外籍學生，因此住宿人種多元。雖說是「宿舍」，但其實是一棟一戶的「獨棟」二層樓住宅。

▲當年的慕尼黑奧運選手村如今成為學生宿舍出租

但是入住過程有點小曲折，先是迷路，找到住宅區管理室，本以為可獲得好心人指路，沒想到反被對方搜查，影印我的 Airbnb 訂房單留證，因為我實在太害怕房源有問題，因此趕緊聯繫 Airbnb 延遲付款，儘管如此，還是擔心住到一半被趕出去，心中壓力很大。

祕筆記 林果

這是 Airbnb 初期運作的缺點，非專業房東沒有站在旅客角度思考，沒有確認是否符合出租法規，結果造成許多突發狀況，這種不確定性和擔憂，真的不該由旅客來承擔。

現在可以怎麼做？撥打全球免付費電話 0800-868-313，直接成功接通，不用轉來轉去，可以指定轉接中文客服人員。或打 400-022-1666（全球免付費），有較大機率是中文客服人員。其它還能做的，就是多找幾家住宿口袋名單，以備不時之需。

慕尼黑住宿費相對高昂，非市中心區域較有降價空間，不過最遠最好不要超過 M 區範圍，需衡量車費、時間、住宿費三方，找出最佳平衡點。

解鎖城市任務

美食任務

舌尖上的巴伐利亞

▶ 瑪利亞廣場是慕尼黑市民日常生活的心臟區域

▼ 哥德式風格的慕尼黑市政廳值得細品

◀ 在冬天零下氣溫，衝浪愛好者仍然不畏寒冷，在市中激流處衝浪

旅行到慕尼黑，我們也漸漸摸索出歐洲城市的發展規律。

到一個新城市，先找到老城區，中心常有廣場，廣場若有市集，那必定是很重要的歷史市集。

在慕尼黑老城中心的瑪利亞廣場旁，就有一座兩百年歷史、巴伐利亞傳統老市集：穀物市場（Viktualienmarkt）！德文 Viktualien 是食物的意思，此市集前身是大型食品交易市場，保存至今功能依舊。因此號稱是「慕尼黑的客廳」。

市集一開始是位在新市政廳前的瑪利亞廣場，但隨著時間發展，人潮、攤販愈來愈多，廣場擠不下，於是在 1807 年，國王馬克斯一世約瑟夫一聲令下，將市場搬到今日位置。

隨著兩百年來的演變，流動攤販變成固定攤販，原本以穀物和農產品交易為主的市集，到現在已發展成什麼都賣的大型市集，生鮮蔬果、肉品海鮮、麵包果醬、醃漬小菜、小吃飲料、啤酒餐廳、紀念禮品，無論是當地居民還是觀光遊客，都能滿足每個人的需求和味蕾。該市集販售的物品不一定是最便宜的，但美味和品質可以得到保證。

搞懂市集屬性，吃美食事半功倍

市集屬於「午市」，營業時間在上午十點到下午六點，週日休市。

因為是戶外市集，建議最好選晴天的中午，悠閒逛逛，順便覓食午餐。太早或太晚來，商店還沒開或已打烊，會有些冷清，反而感受不到市集的魅力。

市集販售區域鮮明。在紅色屋瓦中的是肉店區，整排店裡以販售香腸、肉類為主。廣場旁也有熟食的餐廳，如不想花大錢吃飯，也有小吃攤位。我們看到有一家熱狗堡攤大排長龍，跟著排隊。不會點餐，就跟前面的人買一樣的：麵包夾德國油煎香腸。

▲穀物市場中位於紅色屋瓦下的是肉店區

▲推薦在市集中的必吃美食：德式香
腸堡，而且一定要加黃芥茉醬！

◀肉店櫥窗掛著各式各樣的德國香腸

　　德式香腸堡跟維也納一樣，真的就是「純」香腸加麵包，什麼生菜、
番茄、洋蔥通通都沒有。建議一定要加黃芥茉醬，可緩解油膩，增添酸
甜香氣，是冬日街頭，一份簡單又幸福的美味。

巴伐利亞的市集密碼

　　老市集不只好吃，更保留巴伐利亞的
傳統文化。

　　每年五月一日，市集最盛大的慶典就
是立五月柱活動，象徵冬天過去，春天來
臨，立完柱後要舉辦慶典，大家穿上傳統
服飾，圍著柱子唱歌跳舞。五月柱上的插
畫人偶有著廣告招牌的功能，每個市集的
特色攤販有哪些，賣什麼，有沒有遊樂設
施等等都顯示在柱上，因此每個城鎮市集
的五月柱也都不同。

▲穀物市場的五月柱，最下方的
啤酒馬車至今仍能在市集中見到

　　穀物市場的五月柱上，除了有蔬果
攤，還有運酒馬車、侍女、馬戲團表演、
旋轉木馬、樂團演奏、舞蹈，顯示這是一個多功能市集，吃喝玩樂都有。

第1站
巴黎　　第2站
阿姆斯特丹　　第3站
柏杯　　第4站
布拉格　　第5站
布達佩斯　　第6站
維也納　　第7站
薩爾斯堡

慕尼黑最有名的 HB 皇家啤酒屋（Hofbräuhaus München）至今仍維持傳統，使用現代改良後的運酒馬車！（德文 Hofbräu 為「宮廷啤酒」。）

▲ HB 皇家啤酒屋至今仍維持傳統，以「馬車」運送啤酒

　　離市場步行約十分鐘，有兩百年歷史的 HB 皇家啤酒屋是一所從御用啤酒釀酒廠華麗轉身，成為平民也能歡樂用餐的地方。啤酒屋釀的啤酒，是依巴伐利亞的純度法精釀而成。

　　穀物市集不只是菜市場，更濃縮四、五百年居民生活文化，因此巴伐利亞文化部將其列入國家非物質文化遺產，雖然不是聯合國而是邦政府的認定，但足可見巴伐利亞人對穀物市集引以為傲的情感。

▲在慕尼黑我們每天報到的心愛超市　　▲在德國想要吃得省？買微波食品準沒錯！

文化任務

狂王的城堡之旅

· 寧芬堡 · 慕尼黑皇宮 · 屈維利埃劇院 · 林德霍夫宮 · 新天鵝堡 ·

來慕尼黑，絕對繞不開路德維希二世。

路德維希二世，簡稱「狂王」：瘋狂蓋城堡的國王。

狂王人生第一個標籤：純天然白馬王子。

出身自維特爾斯巴赫家族，血統高貴，193 公分高，斯文秀氣的高顏值，典型的撕漫男，全國人民愛戴的王子。

狂王人生第二個標籤：生不逢時的悲劇國王。

父親病逝，臨危授命，18 歲登基，熱愛藝術，厭惡戰爭，卻生在全球政權風雲變幻的年代，政治場上的不如意，使他最終拋下現實，逃進建築的理想世界。

狂王人生第三個標籤：瘋子還是天才？在永恆童話世界裡長眠。

短短十年，他先後建造新天鵝堡、林德霍夫宮、赫蓮基姆湖宮，耗費鉅資，花光國庫也掏空家族財富。大臣逼他退位，囚禁暗殺，結束他四十一年短暫、傳奇、夢幻的一生。他欠下的鉅額負債，在逝世十六年後，由維特爾斯巴赫家族償還完成。今天，新天鵝堡是全世界最吸金的城堡。巴伐利亞子民稱他為「我們親愛的國王」。

今日再看，狂王所建城堡，諸多機關設計皆是世界科技創舉，獨特的建築藝術品味亦無人能及，更別說為當地所帶來的巨大觀光效益。狂王一生，是功是過留待後人評說。在巴伐利亞城邦，我們將跟隨他的一生，來場「狂王的城堡之旅」。

狂王的出生 · 寧芬堡 Nymphenburg Palace

寧芬堡一如她的名字：寧靜芬芳。相較凡爾賽宮炫耀式的華麗，寧芬堡白底鑲金的裝飾，多了股寧靜柔和的氣質。1845 年狂王在此出生，如此詩意又浪漫的環境，難怪他厭惡戰爭猛獸，偏愛天鵝和孔雀；不崇拜宙斯阿波羅，更愛女神和丘比特。

▲寧芬堡宮的大會堂，相對凡爾賽宮來說更典雅優美，難怪在此出生長大的狂王愛好藝文不愛戰爭。©Bayerische Schlösserverwaltung

▲馬車博物館藏有當年皇室令人驚嘆的華麗馬車，千萬不要錯過。©Bayerische Schlösserverwaltung

　　寧芬堡的參觀重點，除了狂王的出生房間，還有美人房、馬車博物館。美人房牆上掛有三十六幅美人肖像，是狂王的祖父路德維希一世當年特地命人繪製，政治生涯最終也因情婦緋聞被迫退位。只能說祖孫二人真像，不愛江山只愛「美的事物」。

　　強力推薦主城堡旁的馬車博物館，一定要去參觀華麗繁複、令人驚嘆簡直誇張的黃金馬車，一窺何謂「巴伐利亞式的華麗」。博物館中有四十多輛皇家馬車收藏，包括典禮專用馬車、雪橇和各種騎行配件，展示三百多年來巴伐利亞王室的馬車文化。只能說，該家族對「交通工具」實在太會玩，馬車華麗的程度堪稱「行走的宮殿」，天使、精靈、妖精圍繞、雕樑畫棟。

　　夢幻馬車到了狂王時代，可謂達到極致巔峰，據說狂王特別愛在冬夜祕密出遊。避開所有人，換上古裝，讓隨從駕著雪橇，在沒有人煙的深山中，一片白雪靄靄的森林裡，在月光下乘著黃金雪橇暢快奔馳，既

第 8 站
慕尼黑
第 9 站
弗萊堡
第 10 站
威尼斯
第 11 站
佛羅倫斯
第 12 站
米蘭
第 13 站
科隆

美麗又逍遙。館中有幾幅描繪狂王冬夜出遊的畫作，我想這大概是他擁有的少數美麗時光。

　　寧芬堡作為第一站的好處是，參觀人潮較少，可在這買巴伐利亞城堡卡，免去排隊時間。

狂王的繼位・慕尼黑皇宮 Residenz München

　　老城區的慕尼黑皇宮，持城堡卡可免費參觀皇宮、珍寶館、屈維利埃劇院三處景點。

　　說是皇宮，其實就是維特爾斯巴赫家族的私人住宅。該家族在成為國王前，以「公爵」身份統治該地，於 17 世紀成為候選人，1806 年始為巴伐利亞國王，統治巴伐利亞至 1918 年。原本的家宅成了皇宮，不知算不算最早的「住辦合一」。

▲慕尼黑宅邸中的古董廳
©Bayerische Schlösserverwaltung

▶慕尼黑宅邸的祖先畫廊
©Bayerische Schlösserverwaltung
（Photo Toni Schneider）

行前排兵佈陣

解鎖城市任務

絃語

第1站
巴黎　　第2站
阿姆斯特丹　　第3站
柏林　　第4站
布拉格　　第5站
布達佩斯　　第6站
維也納　　第7站
薩爾斯堡

　　狂王在位後期，為了遠離大臣，甚少住在此處，但作為維特爾斯巴赫家族長久以來傾心打造的宮殿、收藏品與家具品味，非常值得一看。

　　此處內裝風格為白底搭配金邊，和寧芬堡異曲同工，但不同的是此處的金邊裝飾像極富生命力、有自己意識的野生藤蔓，翻轉、攀爬，給人華麗的視覺衝擊，這就是巴伐利亞式的華麗嗎？

狂王的休閒時光・屈維利埃劇院 Cuvilliéstheater

　　參觀皇宮，千萬別漏了屈維利埃劇院。劇院的入口不明顯，需要耐心尋找。

　　劇院興建於 1751 年至 1755 年，在這裡上演過無數的巴洛克歌劇，最有名的就是 1781 年莫札特的《克里特王依多美尼歐》，在此首演大獲成功。這次的成功是不是給了莫札特一個希望？因為沒多久他便和大主教決裂，前往維也納追夢。

　　劇院歷經百年興衰，經狂王父親，馬克西米利安二世整修，作為上演古典歌劇的文化場所，狂王當然特別喜愛這種古老的宮廷劇院。可惜劇院在二戰期間被毀，如今看到的是修復後的版本，以白、紅、金三色呈現的 18 世紀洛可可風格劇院，如今亦是歐洲重要劇院之一。

▲屈維利埃劇院是慕尼黑宅邸的參觀亮點之一。© Bayerische Schlösserverwaltung（Photo Philipp Mansmann）

第 8 站
慕尼黑　　第 9 站
弗萊堡　　第 10 站
威尼斯　　第 11 站
佛羅倫斯　　第 12 站
米蘭　　第 13 站
科隆

狂王的致敬・林德霍夫宮 Schloss Linderhof

林德霍夫宮在 1869 年動工，此時距狂王登基不過五年。這是他所建城堡中最小的、也是唯一完工的。完工後，狂王遷居於此住了八年，深居簡出幾乎是避世而居。

是巧合嗎？德文的路德維希，正好是法文的路易。

狂王身為路易十四的鐵粉，林德霍夫宮處處顯露出他對路易十四的崇拜。一入宮殿，放的是路易十四的雕像，天花板甚至裝飾著太陽王的標誌，並以拉丁文銘刻路易十四的名句：「NEC PLURIBUS IMPAR」，意為「我是天下最偉大的人」。宮中鏡廳與幾何花園的設計，皆是對凡爾賽宮的致敬。

為了和太陽王遙相呼應，狂王自稱「月亮王」。他喜歡黑夜更甚於白天，除了愛在夜晚出遊，相比凡爾賽宮的明亮寬敞，他的宮殿更多是昏暗、濃密森林、厚重窗簾的組合。

▲林德霍夫宮處處有著凡爾賽宮的影子，顯現狂王對路易十四的崇拜 ©Bayerische Schlösserverwaltung（Photo Veronika Freudling）

215

◀林德霍夫宮的國王臥室，華蓋上的黃金小天使和壁面華麗的裝飾，令人目不暇給 © Bayerische Schlösserverwaltung

▲林德霍夫宮的鏡廳 ©Bayerische Schlösserverwaltung

林果經驗談

　　想參觀狂王蓋的城堡，必須要有耐心和一點幸運，因為每一棟都超級遠，交通加等待排隊入場的時間，往往一天只夠參觀一棟城堡。

　　林德霍夫宮名氣沒有新天鵝堡大，所以參觀的人不多，走出火車站只見我們一家三口。飄著雪，天氣又冷又濕，等了兩個小時，上山的9622號公車卻一直不來，有點絕望。打算在超市買完東西後，就搭上返程火車，沒想到結完帳，公車居然神奇出現，趕緊奔向公車站，有驚無險地搭上車，心中真的開心到想尖叫！

　　隨著公車愈往深山走，積雪愈來愈深，人煙愈來愈少，我們也就離狂王的理想世界愈來愈近。下了車，先拿城堡卡到售票木屋換票，還得步行上山。早上十點半的火車，進宮殿參觀已是下午三點半。一路過來，彷彿也慢慢被雪景和森林給淨化了，冬天的林德霍夫宮真的很美，來到這裡就能明白為什麼狂王喜歡坐雪橇了。

第 8 站
慕尼黑

第 9 站
弗萊堡

第 10 站
威尼斯

第 11 站
佛羅倫斯

第 12 站
米蘭

第 13 站
科隆

狂王的終極夢想・新天鵝堡 Schloss Nwuschwanstein

　　巴伐利亞國境之南，富森（Füssen），這個離德奧邊境只有五公里的郊區小鎮，狂王在此打造一生夢想的極致追求：新天鵝堡。

▼新天鵝堡王座大廳 ©Bayerische Schlösserverwaltung

▲新天鵝堡狂王的臥室 ©Bayerische Schlösserverwaltung

狂王對富森並不陌生，附近舊天鵝堡（也稱高天鵝堡，Schloss Ho-henschwangau），是他童年成長的地方，該中古世紀城堡由他的父王買下，從廢墟一步步整修。狂王曾在這接見過他的偶像華格納，新天鵝堡動工時，他住這裡就近監工。

童話國王其實是個「技術宅」

新天鵝堡的浪漫風格，連童話王國迪士尼設計城堡時都以它為原型取經。可別以為狂王只懂風花雪月，其實他骨子裡是個百分百「理工男」。

他打造城堡的概念非常現代化，包括採用鋼構、使用蒸汽機、中央供暖系統。因此新天鵝堡裡，不但有馬桶、電話、電梯等現代化設備，最厲害的是「天然動力自動供水系統」，在還沒有自來水系統的年代，他已懂得運用科學原理，在高於城堡兩百公尺處的山頂上建造蓄水池，讓水源利用山勢高低差，自動送到每個房間，讓每個房間都能自動供給自來水，不只技術先進，更具備環保永續概念。

他對設計交通工具也很有熱情。新天鵝堡太偏僻，為了縮短交通時間，他決定打造一艘「神話飛艇」，直接從山下飛上城堡。他設計外型是希臘神話的孔雀戰車，以蒸汽機加鋼索為往返動力，另外在飛艇上方懸掛氣球，輔助飄浮，減輕重量。可惜所有的人都覺得他瘋了，全盤否定他的想法，但若以今日眼光來看，其實就是熱氣球加高空纜車的概念。

是瘋子還是天才？或許有一天歷史會有答案。所謂的瘋子，有時或許只是走得比較快的天才，用今日的眼光看狂王的創新、創意、大膽，誰又能說他不是 19 世紀的賈伯斯？馬斯克？

可惜的是，歷時十七年，新天鵝堡尚未完工，但狂王和國庫都沒錢了，大臣們宣佈他精神失常，在第一次囚禁國王行動失敗後，兩天後再

第8站
慕尼黑　第9站
弗萊堡　第10站
威尼斯　第11站
佛羅倫斯　第12站
米蘭　第13站
科隆

度發起囚禁行動成功，國王被架離城堡，囚禁在貝克王宮。隔天，國王和宣佈他精神失常的醫生被發現淹死在一座不及腰深的湖裡。

據說身高 191 公分的國王是個游泳健將。

他在新天鵝堡只住了 172 天。

體驗任務

請勿輕易嘗試德式跨年

原本以為，在號稱童話之城的慕尼黑過年會很浪漫，沒想到卻失算了，德國人跨年異常冷靜，加上當時沒電視、沒網路，我們在慕尼黑度過了人生中最冷清的跨年。

原來，德國人跨年，不時興演唱會，政府也不會放煙火。在德國，鞭炮、沖天炮（不知道仙女棒算不算）都是管制品，只有跨年時，民眾才能「合法」購買煙火，但不知是不是平常太「壓抑」，結果造成反效果。一到跨年，常有民眾拿著煙火在街上、地鐵到處亂放，嚇得路人、老人、推嬰兒車的女士紛紛走避，免得被炸，有時甚至還要出動警車、消防車、救護車……不，這不是我想像中的歐洲跨年啊！

若想在歐洲跨年，建議還是要事先探聽好，哪些城市有盛大歡樂的慶祝儀式再前往為佳，例如：巴黎、倫敦，或許是更好的選擇。

第1站
巴黎

第2站
阿姆斯特丹

第3站
格林

第4站
布拉格

第5站
布達佩斯

第6站
維也納

第7站
薩爾斯堡

結語　慕尼黑教會
我的事

　　因為入住民宿時的小波折，讓我心中很是不安，急於上網聯絡
Airbnb 客服，來到付費網咖，當下心情既緊張又慌亂，又擔心歐洲上
網很貴，心中壓力很大。

　　「歐洲網咖」跟台灣「網咖」不一樣，其實就是有 wifi 的咖啡店，
知道我是鄰居介紹來的之後，胖胖的老闆娘說，點飲料使用網路免費，
純使用網路半小時 0.5 歐。我直接付了 0.5 歐後，不知什麼原因，一直
連不上線，用眼神向老闆娘求救，老闆娘走到我身邊坐下來之後，直到
向我確定問題已解決，才不慌不忙的離開。中間有數次客人進店，她也
沒有分心招呼，只以眼神點頭示意對方自己先找位子坐下。看著她指揮
若定的樣子，說也奇怪，我的心也漸漸平靜下來。她周圍好像散發著一
層「安心光圈」，安穩溫暖，在她身邊，好像什麼事都能解決。

　　現在想想，其實最壞的結果，就是重新找飯店，我們有帶信用卡，
不至於會流落街頭，頂多就是收到昂貴帳單，但只要錢就能解決的事，
其實都是小事。世界這麼大，每天有這麼多事發生，我們唯一能掌控的
好像只有自己的心。學著讓「境隨心轉」，心安定，世界就安定。

第 8 站
慕尼黑
第 9 站
弗萊堡
第 10 站
威尼斯
第 11 站
佛羅倫斯
第 12 站
米蘭
第 13 站
科隆

咖啡店裡客人不多，有身障人士，還有坐輪椅的，我旁邊坐著一位拄拐杖的老伯伯，一位女孩走過來，坐在他對面，兩人慢慢地聊天，邊聊邊點頭微笑，很溫馨，讓我不自覺地也慢慢安靜下來。

下午三點，室外氣溫只有五度，我看著窗外匆忙趕路的行人，陽光透過玻璃窗照進咖啡店，灰塵在光裡緩慢的旋轉。店內店外，分裂成兩個時空，用兩種速度運轉。無意間，我好像又領略了另一種「咖啡館」的風貌。

住宿
766€
交通費
174.5€
門票及食費
239.5€

花費結算榜

實際花費 =1180€
計劃預算 =1332€
本站總結 = 盈餘 152€
預算佔比 =10%

目前預算 = 盈餘 812 €

221

慕尼黑
München

跨 境 移 動

弗萊堡
Freiburg

N
W   E
S

Departure:
08:48
from
ünchen Hbf

Arrival:
13:40
at
Emmendingen

新年第一天，我們的旅程，也迎向全新的挑戰：沙發衝浪！

出發前，果媽一直懷疑，免費住外國人家裡，真的可能嗎？會不會危險？於是我決定帶她親身體驗一下。

沙發主 Conni 是一名護士，和新婚先生住在弗萊堡的埃門丁根（Emmendingen），這是一個位於法、德、瑞三國邊界，在黑森林山腳下的森林小鎮。

從慕尼黑到弗萊堡，雖是德國境內移動，但車票頗貴，原價80歐，早鳥票到手價23歐，三人約省6500元台幣。

旅費進度條　28%　餘額　　日程進度條　28%　倒數

漫步森林雪山
弗萊堡

第9站

德國

Freiburg

心願清單

☑ 黑森林雪山散步
☑ 艾希伯格塔觀景塔
☑ 弗萊堡大教堂

☑ Döner
☑ 黑森林蛋糕
☑ 德式鄉村餐廳

第8站
慕尼黑 　第9站
弗萊堡 　第10站
威尼斯 　第11站
佛羅倫斯 　第12站
米蘭 　第13站
科隆

行前排兵佈陣

▲ 準備小禮物送給沙發主，感謝她的接待

▲ 前往義大利前，將行李寄存在沙發主家

▲ 將車票寄到沙發主家，請沙發主代收

日程規劃

弗萊堡老城區不大，約半天可以逛完，附近的大自然寶藏景點黑森林，若想安排徒步行程，建議最好有當地人帶領。自駕遊者會較方便，若沒有交通工具，建議可在山腳下住兩晚，前一晚先抵達，隔天一大早上山，下山後住一晚，隔天順遊附近景點後再離開。

山區徒步時間較難掌控，若安排當天移動，會增加趕車的心理負擔，也避免晚上移動的安全隱憂。

GET 交通

跟 Conni 約好，請她開車來火車站接我們，本以為萬無一失，但人算不如天算，想出火車站？只能走「樓梯」！望著深不見底的地下道，我們實在沒有勇氣和體力，提著行李走下去再走上來。明明車站那麼小，出口就在眼前，最後我們決定冒險，「穿軌」而過！

行李沉重，軌道又凹凸不平，為了避免果媽受傷，我和果姊叮嚀她在月台等待，沒想到半路回頭發現，果媽不顧我們的叮嚀，居然自己拉著行李也跑到鐵軌上！當下心裡又氣又急，氣的是為什麼果媽不聽話，急的是擔心火車進站很危險，累積了兩個月的壓力突然爆發，當下很想哭，開始懷疑自己，這趟旅程，為什麼最後會讓家人落入「搬行李過鐵軌」這樣危險的情境中……

還好最後菩薩保佑，一切順利平安。

老實說，旅行再累，也比不上不受控的旅伴讓人心累。

GET 住宿

當 Conni 駕著她的小車出現時，就像天使降臨。

四個女人，七手八腳把行李搞定，坐上車的瞬間，心中著實鬆了一大口氣。但是 Conni 家沒有電梯，三大行李箱必須徒手搬上三樓。看來我們和樓梯的對決，是永無止盡的了。

Conni 非常熱情友善，幫我們一起抬行李，好像不覺這是個苦差事。完成任務安全上樓後，我們三人累得攤在地上氣喘吁吁，滿身大汗，然後相視大笑。

林果經驗談

沙發衝浪雖然是免費住宿，但請不要當作是「免費旅館」，沙發主接待旅客，大多是抱著友善、好奇、交流的心態，雖說不用刻意社交，但也不要冷漠以待，以交朋友的心情，準備小禮物，聊聊天，保持禮貌與善意，讓旅行的正循環可以延續下去。

解鎖城市任務

體驗任務

人生第一次沙發衝浪

說起這次沙發衝浪的緣份，還挺奇妙的。原本行程中並沒有弗萊堡，就在出發前一個月，我收到 Conni 的沙發衝浪申請信，但後來她的旅行取消，卻變成我到她家沙發衝浪！只能說緣份真是妙不可言。

▲接待我們的沙發主 Conni 和她的先生

雖然因為臨時改動行程，導致後面行程全部重新調整，一直到出發前一天，我仍然在電腦前忙得焦頭爛額，但想到能全家一起體驗沙發衝浪，雖然有風險，還是很值得。Conni 家的空房間很大，擺一張沙發床、一張氣墊床仍然寬敞，天花板是電影中常見的歐式斜屋頂加天窗。我曾夢想有這樣一間房間，沒想到在這裡實現了！

安頓好，Conni 帶我們去艾希伯格塔觀景塔（Eichberg Tower）晃晃。對我來說，有在地人帶路，終於可以暫時放空，享受一下，做一名純粹的觀光客。

227

艾希伯格塔觀景塔是巴登－符騰堡邦最高的觀景台，從山腳下沿著森林小徑往上走，到觀景台不遠，山路平緩，空氣冷冽清新，非常適合男女老少來散步。

上觀景塔不用門票；爬上 240 階階梯，一邊氣喘吁吁，一邊看見豁然開朗的景色，絕對值得。觀景塔不只可以眺望整座小鎮，甚至還能看見不遠的法國孚日山脈，另一邊是德國最有名的黑森林。驚喜的是，Conni 說，如果我們想要的話，明天可以帶我們去，這麼難得的機會，當然點頭如搗蒜！

城市任務

出發！黑森林初體驗

前一天還是陰陰的天氣，隔天居然是個大晴天！Conni 直呼說我們真是太幸運了！

上黑森林有很多條登山路線，Conni 選擇一條可以看瀑布的路線，開車前往登山口大約一小時，一路上，在 Conni 的小車中，搖滾樂讓早晨開場充滿熱情。

▲黑森林雪山行，沒有當地人帶領的話我想我一定不會去吧，謝謝 Conni 帶給我們的美好體驗

一下車，哇，景色真的是美呆了！哪有黑森林，應該叫白森林才對。

第 8 站
慕尼黑　　第 9 站
弗萊堡　　第 10 站
威尼斯　　第 11 站
佛羅倫斯　　第 12 站
米蘭　　第 13 站
科隆

昨晚下過一場大雪，除了澄澈的藍天，所見一切全被白雪覆蓋，成了白色的冰雪世界。積雪很深，一腳踩下，雪深至小腿肚，走起來很費力，但我們非常興奮，因為這是我們人生當中，第一次的「雪山漫步」。冬天的黑森林，真是太夢幻了！

▲被白雪覆蓋的黑森林非常美麗

🦋 林果經驗談

相對於我們的輕鬆，負責帶路的 Conni 可就沒那麼悠哉。

因為這條登山路線 Conni 只來過一次，加上冬夏兩季景觀完全不同，所以下山時，我們曾一度迷路，此時我們已在山上走了二至三小時，但完全沒有準備糧食和飲水，所以走著走著，Conni 臉色愈來愈凝重。

好在後來出現一對慢跑夫妻，他們說因為大雪，山路危險，有人滑跤送醫，他們建議走另一條小路比較安全。他們說，會在岔路留下記號，以免我們再次迷路。走著走著，突然看見雪地上，出現了就地取材、用樹枝排列的方向箭頭，這應該就是慢跑夫婦所謂的「記號」了。樹枝箭頭真是太可愛了，我們圍著箭頭又笑又跳，最後成功順利下山。

森林看似靜謐，其實危機四伏。所以登山最好要有熟人帶路，還要做好路線功課，攜帶糧食飲水，穿保暖衣服，做好準備才能上山。

祕筆記
★ 林果 黑森林登山路線分享

| 登山入口：茨韋里巴赫（Zweribach）

| 途中瀑布：赫施巴赫瀑布（Hirschbachfälle）

| 總長：約十公里，四小時，高度約從 600 公尺爬升至 1000 公尺

行前排兵佈陣　解鎖城市任務　絮語

第1站
巴黎

第2站
阿姆斯特丹

第3站
柏林

第4站
布拉格

第5站
布達佩斯

第6站
維也納

第7站
薩爾斯堡

美食任務

Conni 的美食口袋名單

德式鄉村餐廳 CHEERS

仗著有當地人一起，我請 Conni 帶我們去她常去的餐廳，體驗當地人喜愛的美食，另一方面，也想謝謝她的接待，而台灣人表達感謝的方式之一，就是請吃飯。

Conni 吃素，她帶我們去的餐廳名為 Cheers，店內走歐式鄉村風，有點家庭餐酒館的

▲素食者 Conni 的愛店，即便是肉類料理也會有滿滿的蔬菜喔，感覺很健康

氛圍。我們是店裡唯一的華人面孔，要是沒有 Conni 帶，我們大概不會走進店裡用餐。這家餐廳最大的特色，就是有大量的蔬菜。

我們點了啤酒和白酒，Conni 點了洋菇沙拉，我們分別點了燻鮭魚、雞排、豬排，但無論點什麼，主食下方一定鋪上滿滿的、配色鮮豔又新鮮的蔬菜，一整個讓人感覺很健康。旅行時，補充高纖維和維他命 C 也很重要。

用法律保護的黑森林蛋糕

既然來到了黑森林，當然不能不吃有名的「黑森林蛋糕」（Schwarzwälder Kirschtorte）！德文中 Kirsch 是櫻桃，torte 是蛋糕。據聞黑森林蛋糕的起源，是因為當地盛產黑櫻桃，除了作為水果食用，也會釀成黑櫻桃酒，或和奶油做成甜品。後來有位烘焙師突發奇想，將三者結合製成蛋糕，沒想到大受歡迎，漸漸遠傳外地。但這些山寨版蛋糕卻漸漸走樣，有的是沒加櫻桃，有的沒加櫻桃酒，但通通都叫黑森林蛋糕。

第8站
慕尼黑
第9站
弗萊堡
第10站
威尼斯
第11站
佛羅倫斯
第12站
米蘭
第13站
拜倫

　　終於，一板一眼的德國人再也受不了「山寨黑森林」的存在，於是 2003 年為蛋糕訂定法律，包括要含一定比例的櫻桃烈酒、底層要有酥脆派皮、基底為戚風蛋糕體等，最重要的是：一定要能嚐出櫻桃酒味，才算正宗黑森林蛋糕。

行前排兵佈陣

解鎖城市任務

結語

◀ 當地人 Conni 推薦的 Homemade 蛋糕店

▼ 飯後甜點來一片新鮮的蛋糕實在是太幸福啦

◀◀ 來到森林山腳下怎可不吃黑森林蛋糕呢，一片居然只要 1.9 歐，所剩不多，要買要快

◀ 水果蛋糕像一朵太陽花一樣，一片只要 1.9 歐元

　　在 Conni 家附近有一家 Café Fietz，是道地的德國媽媽烘培坊，櫃子裡的蛋糕一個個晶瑩剔透，蛋糕面上，給足料、下重本的風格，絕對是 Home Made 才有的特殊待遇。黑森林蛋糕，底層真的有一層薄脆餅托著！重點是，每片蛋糕才 1.9 歐，外帶也不用塑膠袋，只用「油面紙」打包，相當環保。

Mamo-Kebap

　　另一家 Conni 的愛店，是埃門丁根火車站附近的 Mamo-Kebap 土耳其烤肉店，比較特別的是，這裡也能把 Döner 做成素的，德文叫「Vegetarischer Döner」（土耳其素烤肉）。

　　建議不愛吃麵包的人，可以試試薄餅 Döner，餅皮薄香，蔬菜新鮮，洋蔥嗆辣，畫龍點睛的醬汁，巧妙串連十幾種的配料，帶來酸、甜、鹹之間巧妙的味覺平衡。其美味程度，絕對是「超值美食」前五名！如果維也納烤豬腳是第一名，那這家店應該是第二名。這也是我們回到台灣後，少數會懷念想吃，但卻吃不到的美食。

　　依各種配料不同，一捲價格約在 3.7 歐到 5 歐，除了好吃，份量真的超大，薄餅捲成一長條後，居然有前手臂這麼長！食量小一點的女生，恐怕得分兩餐才吃得完。

▲嘟呢兒有漢堡式也有捲餅式，都很好吃，推薦大家一試

第8站
慕尼黑

第9站
弗萊堡

第10站
威尼斯

第11站
佛羅倫斯

第12站
米蘭

第13站
羅馬

結語

弗萊堡
教會我的事

Conni 不但接待我們住了三天，還讓我們寄存行李，讓接下來的義大利之旅可以簡裝便行。因此離開前一晚，Conni 看著我們整理行李，將要帶的、不帶的分開打包，她疑惑的問：「所以妳不需這裡的所有東西？」我才驚覺，對呀，我不需要這裡所有的東西也能旅行，那為什麼當初我會帶著這些「不需要的行李」出發呢？

大概是因為擔心吧。

在缺乏經驗下，對未知的旅程有滿滿的恐慌，於是心中無形的擔心，最終化為現實的行李。若非航空公司限重，恐怕還會帶更多。但要完全聽天由命，不做任何準備就出發，也不是我的旅行風格。

「恐懼」這件事還真是奇妙，太多是負擔，太少是災難。旅行的修煉之一，或許是讓心擁有「剛剛好的恐懼」。

花費結算榜

住宿
0€
交通費
69€
門票及食費
80€

實際花費 =149€
計劃預算 =333€
本站總結 = 盈餘 184€
預算佔比 =1%

目前預算 = 盈餘 996 €

233

弗萊堡
Freiburg

跨境移事

威尼斯
Venezia

在下雪清晨五點起床，真的是相當痛苦的事。為了前往接下來的「義大利三城之旅」，硬把自己從溫暖的被窩中拔出來。從弗萊堡前往第一站威尼斯，本日車程長達十一個小時，最大的挑戰就是：完成多次火車轉乘。

歐洲火車有一種「六人包廂」座位，包廂門可關，若搭夜車，是防扒手利器，但最好至少一人保持清醒，歐洲扒手可能看過武俠片，據說也會使用吹箭迷藥，趁人熟睡後撬開門鎖

偷取財物。白天移動佔領六人包廂，貪圖的是包廂內可打平躺睡的座椅，祈禱成真，急忙呼喚家人，霸佔山頭。這也是旅行的小確幸。

如果搭火車前往，威尼斯其實不叫威尼斯，而是聖露西亞站（Santa Lucia）。從地圖上看，威尼斯是獨立於本島外的潟湖小島，鐵路需經過跨海大橋才能到達，近年觀光造成當地房價瘋漲，使本地人紛紛逃往本島，臨近小鎮也逐漸被「威尼斯化」。火車上，坐我對面的義大利金髮女人問我：「妳是去威尼斯的威尼斯嗎？」我說：「是的。」我知道她在問什麼。對我而言，世界上只有一個威尼斯。

火車誤點了，好在房東Andrea仍等在月台上。Andrea一頭標準義式捲捲黑髮，滿面友善笑容，請我們把最重的行李交給他提，他的紳士，安撫了我們初來乍到的忐忑心情。

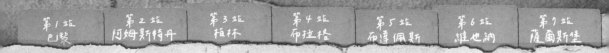
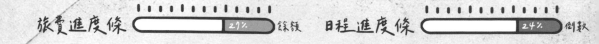

旅費進度條　◼◼◼◼◼◼◼◼ [29%] 餘額　　日程進度條　◼◼◼◼◼◼◼ [24%] 倒數

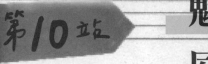

第 10 站

義大利

Venezia

魅力水都迷宮 威尼斯

心願清單

☑ 亞得里亞海夕陽
☑ 巷弄散步
☑ 聖馬可廣場
☑ 里亞托橋
☑ 聖弗朗西斯科教堂

☑ 威尼斯軍械庫
☑ 魚市場
☑ 義式披薩
☑ 義式冰淇淋
☑ 世界遺產文化：
威尼斯島

第8站
慕尼黑　第9站
弗萊堡　第10站
威尼斯　第11站
佛羅倫斯　第12站
米蘭　第13站
科隆

行前排兵佈陣

▲別帶大行李前往

▲初到威尼斯，最好請房東到火車站接人

▲移動日要準備好在火車上的糧食、飲水

日程規劃

威尼斯是一座有著豐富歷史、人文、建築、獨特文化的島，無論待多久，景點永遠參觀不完，不過這裡房價也非常昂貴，建議精算日程天數，另外，以步行為主，把省下的交通費撥到住宿預算使用。

GET 交通

　　威尼斯是一座由無數小島組合而成的大島，水道錯綜複雜，島上只有路和橋，沒有車輛和紅綠燈，是一座適合用「徒步」認識的城市。

▲浪漫貢多拉是威尼斯的經典符碼

威尼斯的主要交通工具是「船」。有公船（類似公車），私船（類似計程車）。公船有固定票價，私船又分快船和慢船，快船是計程車，慢船是要浪漫的「貢多拉」。但不管什麼船，唯一的共通點就是：貴、貴、貴。

搭一次公船，一人帶一件行李，至少 7 歐起跳，連房東都事先提醒我說相當昂貴！除了船票貴，加上到處都是橋、石板路、小巷弄，所以來威尼斯，最好不要帶有輪行李箱，會拉到內心崩潰，輪子爆裂，以背包加手提袋攜帶行李會更佳。

威尼斯公船票價

票種	2013 年	2023 年
單次票	7 歐	9.5 歐
24 小時票	20 歐	25 歐
48 小時票	30 歐	35 歐
72 小時票	35 歐	45 歐
7 天票	50 歐	65 歐

威尼斯卡官網

◆ 如有威尼斯卡（Rolling Venice）買票會有優惠
◆ 線上購買威尼斯卡（Rolling Venice card）

GET 住宿

萬萬沒想到此趟歐洲行，最貴的住宿不是在巴黎，而是威尼斯。不過 Andrea 也是此行中最優秀的房東，沒有之一。房子裡除了有旅人所需的一切，最重要的是，Andrea 保持著隨時讓人能聯絡上、獲得幫助的存在，感覺就像在本地有一位老友般安心可靠。雖然房價不便宜，但若再到威尼斯，我會選擇再次入住。

林果私推薦：威尼斯好房東

　　我很少推薦住過的 Airbnb 房東，因為私人房源無法保證服務品質十年如一日，但是 Andrea 似乎做到了！網友評價幾乎 5 星無差評！雖然無法保證大家入住體驗百分百完美，只是在茫茫網海中，提供大家一個相對有口碑的選擇，但最後還是要請大家自行評估後，再做判斷喔。

祕筆記 林果 威尼斯住宿該怎麼選

Andrea 住宿房源
www.airbnb.com.tw/users/show/3556311

- ◆ 住幾樓很重要，高樓層可看風景，但通常沒有電梯。
- ◆ 住一樓房源要注意該季節是否為汛期或颱風季，淹水期時，水高有時達半層樓、一層樓高。如果真的遇上，只能說太幸運了，體驗到何謂真正的「水都」威尼斯。
- ◆ 如果住「歷史古蹟級」飯店，請先做好沒有熱水洗澡、馬桶不通、下水道堵塞，和遇見恐怖都市傳說的心理準備。古蹟嘛，什麼都有，什麼都不奇怪。
- ◆ 除了價格，請特別留意網友評價裡，有無提到浴室熱水、排水系統等問題，老飯店老房子在淋浴、馬桶給排水較會有狀況，哪怕五星級飯店也一樣。
- ◆ 如果不想「望海鮮興嘆」，絕對要住有廚房的房子。
- ◆ 二月知名的「威尼斯狂歡節」，一房難求，價格翻好幾倍，想參與盛會一定要努力存錢和提早三至六個月前訂房會較保險。
- ◆ 到達時間最好選白天，並要求房東來火車站帶路，除非住火車站旁邊。
- ◆ 住威尼斯外島價格可能會稍稍便宜，但考量船費和交通時間限制，建議兩者價格落差不大時，還是選擇住威尼斯本島較方便。

解鎖城市任務

美食任務

威尼斯之魂：魚市場

- **魚市場為早市，賣到中午就收攤**
- **週日、週一公休**

沒有去過威尼斯魚市場，等於沒到過威尼斯。

所以到達隔天一早，我們馬上啟動「魚市場大作戰」！

魚市場（Fischmarkt）正式名稱叫里亞托市場（Mercato di Rialto），位置臨近著名地標里亞托橋（Ponte di Rialto）。問路或跟著人潮走其實並不難找，但建議提早出門，因為路上一定會迷路。如果想省下迷路時間，可坐船抵達市場旁的公船站：里亞托站（Rialto Mercato）

跨過里亞托橋，穿過威尼斯古老的「聖賈科莫教堂」（San Giacomo di Rialto），遠遠就能聞到魚市的腥味，跟著嗅覺前進，穿過斑駁的拱頂迴廊，蔬菜水果攤販率先出現，緊接著在街道盡頭出現的鮮魚海鮮攤販，才是我們的主要目標。在威尼斯市場裡，賣蔬果和賣海鮮魚類的攤販，各有分區。

第 8 站
慕尼黑

第 9 站
弗萊堡

第 10 站
威尼斯

第 11 站
佛羅倫斯

第 12 站
米蘭

第 13 站
科隆

▲看到里亞托橋就知道市場快到了

▲來到威尼斯沒有大啖海鮮絕對是一大遺憾

　　大概因為還在歐洲新年期間，因此早上十點的人潮不多，不知價位高低合理性，先安靜站在人群中，以眼掃視，觀察食材，也觀察當地人怎麼買。

　　各種貝殼、鮮魚、蝦、章魚、烏賊、長條如筆管的蛤（蟶子）、小的貝殼、淡菜，還有從西洋畫裡走出來的海螺，叫得出名的就在心中暗暗盤算價格，叫不出名的就以外型特徵取個好記的名字。一攤走過一攤，本想比價，卻往往過目即忘，看得眼花，卻又好奇味道，索性最後隨心，誰的貨新鮮，誰的招呼熱情，想吃什麼就買什麼。人生一回，重在體驗。

　　威尼斯市場慣用的秤量單位是「公斤」（Kilo），偶也有以「個」（Pezzi）計價，無論是價格還是貨色，下手前只能用眼睛「看」清楚，決定購買後，以眼神和手勢示意老闆，老闆會幫忙揀選包裝。把食材拿起捏、壓、摸、挑，都是禁忌，入境隨俗，在歐洲買菜，還是照當地的規矩來。

　　因為自己無法挑貨，所以「挑攤」就顯得重要。

　　市場買菜，不只增長識物的功力，更考驗識人的本領。一個攤位的擺設，顯現的是攤主的人性。我的大原則是：沒有明碼標價的，絕對不買。這種看人下菜碟的攤，踩雷機率高。

第1站
巴黎

第2站
阿姆斯特丹

第3站
柏杯

第4站
布拉格

第5站
布達佩斯

第6站
維也納

第7站
薩爾斯堡

　　心中評等上好的攤位，是當地人買得多，老闆會和客人聊天的小攤。當地人多，說明品質好，有信用，貨物流動率高，可以保證食材新鮮。願意和顧客聊天，代表親切熱情。最怕遇見眼神閃躲、愛理不理的、臭臉的，哪怕價格再低，也毫不猶豫的轉身離開。

　　有的攤主是藝術家，在晶瑩剔透的冰襯托之下，扇貝一片片排列整齊如同獸鱗，前方還不忘擺上幾片黃檸檬。這賣的豈止只是海鮮，根本就是販售對美好生活的想像。旁邊有一攤蔬果攤，我懷疑他們有親戚關係，否則我們怎麼就去買了兩顆黃檸檬呢？

▲被魚販精美的陳列影響，我們也跑去隔壁攤位買了幾顆檸檬

　　買菜其實很像人生，想買「好東西」放在自己的菜籃子裡，就得努力睜大眼、避大坑。好人可遇不可求，大坑處處有。若問有什麼致勝法則：照著心走，相信自己，至少不會後悔。

市場的職人精神

　　魚市場的「鮭魚生魚片」初體驗，源自果媽相中某攤鮭魚，老闆見我們三人東方臉孔，也不差別待遇，俐落上秤、算錢、包裝，還問我們：「是要做鮭魚片沙拉嗎？」看我們一臉問號聽不懂，立馬一手將鮭魚攤開，一邊以手作刀在魚肉上切片：「米諾、米諾、米諾、阿固多……」，

還作勢將鮭魚拿到嘴裡入口的樣子。果媽反應最快，看懂老闆意思，點頭說好，只見老闆立馬轉身，開始表演起他的「片鮭魚秀」。

▲魚攤老闆正專注地為我們片鮭魚生魚片

「片鮭魚」考驗著刀工和技巧，片成薄片後生食，衛生尤其重要。只見老闆先用高壓水柱清洗檯面，再鋪好乾淨包裝紙，以最小的手指面積接觸，以窄版長刀輕巧避開魚皮，割下魚肉，每切一片就放一片，一整塊的鮭魚瞬間被片成一張張薄如蟬翼、入口即化的生魚片。完成後，整個桌面再用高壓水柱清洗一次。

老闆專注切魚，我專注觀察他。

在魚市工作，又濕又腥，大概不會有人想要打扮自己。但鮭魚老闆不同，他頭戴紅格紋帽，搭配紅格紋上衣，剛好配成一套。看到他對待自己、食物、工作的慎重和認真，我認為他不只是一個「賣魚攤販」，更是一位懂得享受生活、工作的專業職人。

第1站
巴黎　　第2站
阿姆斯特丹　　第3站
桓杯　　第4站
布拉格　　第5站
布達佩斯　　第6站
維也納　　第7站
薩爾斯堡

魚市場的肢體語言課

聽過一個笑話，據說把義大利人的手綁起來，他們就說不了話了，由此可見，義大利人肢體語言之豐富，尤其在魚市場買菜，不懂義大利文沒關係，手語比劃照樣能買得開心。

一大袋蛤蜊，只想買半斤，以右手做手刀，劈一刀在左手掌上，老闆秒懂！想請老闆殺魚，用手刀在脖子旁比劃兩下，老闆秒懂！收攤前，鮮魚出清大拍賣，見客人猶豫，再往魚堆裡加一條，再加一條，引誘你成交，臨走前還附贈飛吻！

語言隔閡？在威尼斯商人面前，根本不存在。

里亞托市場的買菜體驗，是全世界獨一無二的。里亞托市場至今已有九百多年歷史，始終是整個威尼斯最繁榮富庶的商業交易中心。在威尼斯共和國繁榮時期，這裡是上流社會、富豪商賈聚集之地，市場交易主要商品是金融、黃金、白銀，可能還有來自東方的香料、絲帛、瓷器。僅一河之隔的對岸，還能看到當年的黃金宮、朱斯蒂宮、英國大使館、德國大使館等重要建築。

隨著時代變遷，市場改售蔬果和海鮮，可惜的是，近年大量觀光人口湧入威尼斯，降低生活品質，促使本地人外移，亦造成市場交易量年年下滑，如今市場攤販只剩從前的三分之一；對比四十年前，交易量更只剩八分之一。市場的困境，也是威尼斯的困境，觀光業使當地文化、經濟脈絡發生變化，雖說變化才是永恆不變的道理，但菜市場畢竟是一城命脈，如果這座近千年的魚市場消失，一部份的威尼斯文化，是否也就消失在歷史之中？

來威尼斯時，選擇有廚房的住宿吧！來市場買菜，走入威尼斯最道地的生活風景，品嚐舌尖上的威尼斯，為這座千年市場延續生命……這錢，花得不貴。

🎀 林果經驗談

魚市場採買大豐收，回到民宿後，我們迫不及待炒了皮皮蝦（蝦蛄），哇，蝦肉甜到讓人立馬後悔，此等美味怎可只買一斤？於是我和

第8站
慕尼黑

第9站
弗萊堡

第10站
威尼斯

第11站
佛羅倫斯

第12站
米蘭

第13站
科隆

果姊當機立斷，決定殺回菜市場，趕在下午一點休市前再買一回。因為即將收市，很多攤都開始大特價，皮皮蝦一斤便宜 2 歐；鮮魚出清特價，本來一條 5 歐的魚，變成四條 10 歐，立馬失心瘋決定買了。

▲皮皮蝦超級甜，推薦為必吃海鮮　　　　▲推薦買筆管蛤蜊，不用剝殼超方便

兩次海鮮採買，總計花費 107.5 歐，約台幣 4000 元，我們吃了三天才吃完，平均之下每人每餐不到台幣 500 元，實在太超值了！

魚市場採買清單

| 第一次採買戰利品 |

魚／4.95€

黃檸檬（2 顆）／1.19€

筆管蛤／7€（1 公斤 14€）

鮭魚／5.93€

淡菜／8€

皮皮蝦／16€

小蛤／11€

章魚／15€

| 第二次採買戰利品 |

綠葡萄／5.35€

橘子（1 公斤）／2€

皮皮蝦（1 公斤）／14€
（收攤前買變便宜 2 歐）

魚（4 條）／10€
（原 1 隻 5€）

鮭魚（整片）／4.58€

城市任務

用散步，開箱威尼斯

別讓科技的便利，造成對生活的麻木。

剛到威尼斯，如迷宮般的街道，讓我拚命在手上地圖「找路」，但就算有 google map，在威尼斯也是不靈的。我建議從千篇一律的線條框框中抬頭，看看真實的街道吧。打開感官，注意人流方向、人潮多寡、食物的氣息、教堂的鐘聲，看到書報攤記得左拐的路口，回家路上必經的威尼斯小學……，當我選擇丟掉地圖後，威尼斯這座世界文化遺產之城，如此真實、鮮明、立體的呈現在我眼前。

省下 100 多歐 pass 費用，我們選擇 BMW（by my walk）在城市散步，專挑沒走過的路走，看「路」會帶我們去哪、遇見什麼驚喜。

我們就住在聖若望及保祿大殿、聖馬可大會堂的旁邊。據說旺季時參觀要排隊，但現在一個人都沒有，這是冬季遊歐洲的好處。聖若望及保祿大殿，是 15 世紀後，歷任威尼斯總督葬禮的舉行之處，華麗和重要性可想而知。聖馬可大會堂可以入內參觀，裡面還有免費廁所可以使用。

一直朝東走，經過聖弗朗西斯科教堂，喜歡威尼斯畫派的粉絲，千萬不要跟別人說這個寶藏地點，這裡不但有許多威尼斯畫派的作品，更佛心的是參觀居然免費！再往東行，被一隻飛獅擋住去路。在威尼斯如果看到「飛獅」，八九不離十是個官方單位。果然，這裡是威尼斯軍械庫，我們在無意中竟然闖入軍方禁區！這裡曾是全世界第一個規格化製作的造船廠，據說全盛時期，一天就能造出一艘戰艦！想當年海權爭霸時期，戰艦就從這裡建造、出海、航行全世界，不免心情有些激動。這裡目前仍為軍事基地，平日不開放參觀，每兩年一次的威尼斯雙年展時，遊客才能入內一探神祕。

第8站
慕尼黑

第9站
弗萊堡

第10站
威尼斯

第11站
佛羅倫斯

第12站
米蘭

第13站
科隆

▲飛獅是威尼斯的象徵也是守護神

▲走著走著就來到了威尼斯軍械庫

247

第1站
巴黎　　第2站
阿姆斯特丹　　第3站
柏林　　第4站
布拉格　　第5站
布達佩斯　　第6站
維也納　　第7站
薩爾斯堡

▲欣賞亞得里亞海的夕陽是我的威尼斯必做清單之一

▲聖馬可廣場是威尼斯接待所有旅人的超級豪華大客廳

　　因為已走到東邊底端，沒路了，就改轉往南走，沿著南邊的斯拉夫人堤岸走，找個位置坐下來，好好欣賞亞得里亞海的夕陽彩霞吧，因為我們正和幾百年前，從亞得里亞海港出發到全球各地的商船、商人、船員，望著同一片風景。

　　落日消失，威尼斯繁華之夜登場。夜幕中的總督宮一一點燈，給號稱「威尼斯大客廳」的聖馬可廣場，披上最華麗的金光薄紗，就算不是二月狂歡節，依然為威尼斯增添一絲神祕的氣息。

體驗任務

義式美食的精神

· **GELATO DI NATURA 冰淇淋**

· **佩拉披薩店 Pizzeria La Perla Venezia**

義大利手工冰淇淋

哪個品牌這麼囂張，居然同時請來伏爾泰、王爾德、愛因斯坦三人做代言？其實是特別熱愛大自然的義大利冰淇淋品牌「GELATO DI NATURA」，為了強調自家產品的天然、健康，以純天然水果做原料，不用人工氫化脂肪，因此特別節錄三位大師著作的金句語錄，作為品牌核心精神。如此有態度和詩意的冰淇淋，分店不多，只在義大利才有，走過路過不要錯過嘍！

▲來義大利就是要吃冰淇淋啊！

官網宣言：

◆ 愛因斯坦：「你能想像到的一切，大自然已經創造了它。」
（Ogni cosa che puoi immaginare, la natura l'ha già creata.）

◆ 伏爾泰：「人類討論，而自然行動。」
（Men discuss, Nature acts.）

◆ 奧斯卡·王爾德：「在我看來，我們都太看重自然，卻與她太少生活在一起。」
（It seems to me that we all look at Nature too much, and live with her too little.）

匠心職人，只賣披薩的披薩店

Andrea 說，在義大利想吃道地的披薩，就去只賣披薩的披薩店。能以一種食物存活下來的餐廳，手藝必有過人之處，這道理走到全世界都通用。他帶我們去一家當地人常去的「佩拉披薩店」（Pizzeria La Perla Venezia），我們請Andrea 推薦菜色，最後

▲房東推薦，當地人也愛去的披薩店

點了三種口味、一杯啤酒、一壺葡萄酒。想不到 Andrea 臨走前還特別交代餐廳老闆，怕迷路的話可請餐館老闆打電話給他，他會再來餐廳帶我們。真是貼心又溫暖。

在威尼斯，就想吃「披薩＋啤酒」！

沒想到威尼斯啤酒如此順口、回甘，還喝得到麥香，連一向不愛喝酒的果姊都搶著喝，加上披薩比較乾，配一口冰涼啤酒，轉換味蕾節奏正合適。

林果私推薦　卡爾頌披薩

推薦大家有機會可體驗吃吃「卡爾頌披薩」（Calzone）。

卡爾頌又稱「披薩餃」，形狀像一個巨大的餃子，但其實 Calzone 原意為襪子，可能是因為會往裡面塞很多好料的，所以取名 Calzone。和一般披薩最大的不同是，卡爾頌是用生餅皮包炒熟的餡料，再一起進烤爐烘烤。

▲我們一致公認果媽點的卡爾頌披　　　▲威尼斯餐廳發票好可愛，上面居然
薩最好吃　　　　　　　　　　　　　還有小美人魚她爸，海神波塞頓

　　熱披薩上桌，從中間豪爽一刀切開，熱氣瞬間轟然竄出，鼓脹餅皮
一瞬塌陷，刀切脆餅發出的嘎脆聲響，是一場兼具視覺、聽覺、嗅覺的
開餐華麗儀式。

餐廳體驗 · 佩拉披薩

項目	費用	備註
COPERTO 室內用餐費	3 歐	1人1歐
BIRRA MEDIA 中度啤酒	4.5 歐	1 杯
VINO 葡萄酒 1/4	3 歐	小壺
FRUTTI DI MARE 海鮮披薩	12 歐	
CALZONE 披薩餃	7 歐	
CAPRICCIOSA 卡布里喬莎披薩	7 歐	
服務費	3.65 歐	10%
小計	40.15 歐	

文化任務

叩、叩、叩，巫婆上門了！

　　這天，我和果姊外出散步，只留果媽一人看家。一回民宿，果媽激動的報告，早上有人按門鈴，她嚇了一大跳，躲在房子裡不敢開門，門鈴又響了第二次，果媽從蕾絲門簾後方確認是房東後才敢開門，房東帶著一個小孩，送給我們……一隻襪子？

　　襪子上夾著一張紙條：「給林果和她的家人」。一打開，哇！裡面裝著滿滿的糖果。原來，這天是「巫婆節」，也就是義大利的兒童節，按照習俗，小朋友前一晚會掛上襪子，睡著後，騎著掃帚的女巫貝法娜（La Befana）會在襪子裡放禮物，乖小孩會拿到糖果，壞孩子只有黑黑的煤炭和橘子皮。

　　非常開心收到糖果襪子的禮物，但是該怎麼回報呢？情急之下，只好翻出隨身攜帶的金萱茶包作為回禮，有點不好意思的是，因為茶包是散裝的，只好緊急徵用廚房蕾絲餐紙作為包裝。

　　在義大利的習慣是，收到禮物要當面拆開並表示感謝，才是禮貌的表現。當 Andrea 拆開餐巾紙，看到東方茶包時，瞬間眼睛一亮，迫不及待地低頭聞聞茶香，那一刻，他打從心底散發的喜悅，和臉上綻放如陽光般的燦爛笑容，深深烙印在我腦海中，久久不忘。

結語 威尼斯教會我的事

　　房東 Andrea 是道地的威尼斯人，擁有歷史學位，在城外工作多年，近幾年和妻子一起回到家鄉，並收養了一個孩子。初到威尼斯，火車誤點，讓他等了許久，但他沒有任何不耐，還主動幫我們提行李，從內心散發出的真心笑容不會騙人。

　　前往民宿的路上，趁機探問在地人推薦的餐廳，本來還有些客氣的 Andrea，像遇到知己般變得熱情，曾聽聞和義大利人聊美食的話可以一秒變朋友，沒想到傳聞真實不虛。

　　Andrea 行動力很強，也不嫌行李袋重，帶著我們穿梭大街小巷，一家家介紹他的愛店，原本二十分鐘的路程，感覺像走了一小時。到達民宿後，四人都氣喘吁吁，汗如雨下，當時氣溫可是零下啊！看看彼此的狼狽樣，相視大笑。我們的行李真的超級重，Andrea 的手都被勒出一條一條紅痕。

　　雖然滿身大汗，但他還是很有耐心，逐一介紹所有空間，臨走前還特地交代，這兩天有親戚來拜訪他，但有任何事只要在線上呼叫他，或是直接按他家門鈴，就可以找到他。他給我感覺不像房東，更像是我的朋友。

花費結算榜	
住宿	286€
交通費	207€
門票及食費	140€

實際花費 = 633€
計劃預算 = 333€
本站總結 = 超支 300€
預算佔比 = 6%

目前預算 = 盈餘 696 €

　　他的體貼和周到，不單只是出租一間房子，更多的是人與人之間的交流和溫暖。感謝他為我們在威尼斯的時光，帶來的美好回憶。

威尼斯
Venezia

跨境移轉

佛羅倫斯
Firenze

N
W E
S

Departure:
17:25
from
nezia S. Lucia

Arrival:
19:30
at
Firenze S. M. Novella

當我們離開威尼斯，前往義大利第二站「佛羅倫斯」的同時，也代表整趟歐洲之旅只剩下三站。

Andrea 說，這年威尼斯冬天很不尋常，沒有下雨，沒有淹水，異常晴朗，天天都是大太陽好天氣。臨走前，在火車站等車時卻突然起了大霧，我自作多情地認為大概是威尼斯也不捨得我們離開吧。

義大利高鐵有三種：紅箭、銀箭、白箭，從威尼斯到佛羅倫斯，以銀箭為主，車票原價50歐，早鳥票到手價19歐，頭等艙29歐。平均一人約台幣1000元，兩小時即到。

帥氣流線的銀箭火車緩緩入站，提醒我們，離開的時候到了。

義大利高鐵的白箭和銀箭的流線型外觀設計

我們在威尼斯時一直都是好天氣，離開當天卻起大霧，是威尼斯也捨不得我們離開嗎

義大利高鐵車廂的燈光設計非常高級，有一種在搭飛機的感覺

旅費進度條 ▮▮▮▮▮▮▮▮▮▮▮ 21% 餘額　　日程進度條 ▮▮▮▮▮▮▮▮▮▮▮ 21% 倒數

義大利

第11站

Firenze

文藝復興之都
佛羅倫斯

心願清單

☑ 百花大教堂登頂
☑ 喬托鐘樓登頂
☑ 麥迪奇家族之旅
☑ 博物館

☑ 牛肚包
☑ 丁骨牛排
☑ 佛羅倫斯市場
☑ 佛羅倫斯老城區

行前排兵佈陣

▲不帶大行李，可選住五樓公寓（無電梯），降低房費預算

▲住火車站附近，到達、離開時可步行，無時間壓力又省車費

▲買佛羅倫斯卡衝博物館

日程規劃

佛羅倫斯和威尼斯一樣，整座老城區都是世界文化遺產，景點很多，看也看不完，我以「三天博物館卡＋兩天市區散步」，規劃五日行程，整體來說，行程緊湊但仍算有餘。

若是喜歡深慢旅遊的人，建議可再多停留一至二天，搭配部份單程門票、免費景點，可以更全面體驗歷史深厚的佛羅倫斯。

GET 交通

　　2009 年起，佛羅倫斯市規劃眾多熱門景點為「徒步區」，舉凡百花大教堂廣場周圍路段，禁止所有交通車輛通行，只准行人徒步，讓古蹟和旅人遠離汽車的髒汙廢氣，也還給老城區一個乾淨體面。

▲逛逛舊書淘淘寶是散步老城區的樂趣之一

佛羅倫斯古蹟多，景點密集，近九成景點都在老城區內，適合以徒步參觀。最遠的景點，是河對岸的碧提宮，但從火車站走到碧提宮，也只要二十分鐘，並不算遠。且佛羅倫斯博物館卡已內含交通，除非不住老城區內，需要每日往返城郊，否則基本可以不用購買交通卡。

GET 住宿

若論參觀方便性，絕對是住老城區內，可省最多時間。

但老城區內房源數量有限，因此儘管房屋老舊，價格高昂，仍是一房難求，也因此養出許多「慣房東」和「照騙房東」。如何在佛羅倫斯選「對」住宿，絕對是一門大學問。

祕筆記 林果 佛羅倫斯住宿 · 避雷心法

想在佛羅倫斯住得愉快，有些眉角不可不知：

◆ 不過分期待照片
◆ 「細讀」房客評價
◆ 不要輕易挑戰「歷史公寓」
◆ 「現代化裝修」比「歷史公寓」可靠
◆ 「乾淨」和「安靜」在佛羅倫斯是重要指標
◆ 「熱水」和「空調」穩定且足夠，在佛羅倫斯是重要指標
◆ 面對差評，房東態度可見端倪

我懷疑佛羅倫斯人可能都用同一套修圖軟體，套用同一種明亮濾鏡。

無論在 Airbnb 或 booking.com 搜尋房源，一定要「自動降低照片明亮度」，忽略照片中「明亮感」帶給你的「期待感」，將亮度降低 80% 才等於現況真實面貌。網路時代，識破「照騙」絕對是必備的旅行技能。

🦋 林果經驗談：有些事不好明說，但你要看得懂的「房客評價潛台詞」

* 「這樣的價格，不能要求更多。」「這樣的價格，還能說什麼呢。」
  房客潛台詞：除了價格便宜，這裡沒有其它優點。
* 只說一個「不痛不癢的優點」，其它什麼都沒提……
  房客潛台詞：除了這個優點，其它都沒什麼好提的。
* 「有歷史性的、悠久的老房子。」「獨特的歷史體驗……」「一切
  都很棒，閣樓內異裝飾……很酷」
  房客潛台詞：黑暗的公寓，發霉的牆角，破損的地磚，需要清潔，
  家具上有一層灰……
* 「公寓地理位置優越，位於喧囂的市中心……」
  房客潛台詞：雖然地理位置優越，但是很吵……。

祕筆記
⭐ 林果 當評價兩極，該信誰？分析有妙招

看留言長短

與其比星級，不如比留言字數吧！

留言很短，卻給 5 顆星，通常等於「敷衍」，或「不想得罪人」，
這種評價通常可以直接忽略。如果是超讚房東、房源，回饋裡絕對會有
滿滿的細節。簡單來說，字數愈多，可信度愈高。

看留言細節多寡

只寫「好」與「不好」這種抽象字眼的評價，等於無效留言。

那什麼才是「寶藏留言」呢？如果留言提及：回覆迅速、樂於提供
各種推薦、來車站接我們……等等「客觀事實」，才是我們真正需要的。

有突發狀況的反饋更好，例如：突然沒熱水、沒衛生紙等等，仔細
留意房東的應對速度，非常關鍵，因為這代表突發狀況發生時，房東是
會幫你排除障礙，還是選擇避不見面玩失蹤。

負面評價比正面評價更有參考價值

負面評價的字數，其實反映的是「房客憤怒值」。字愈多愈憤怒。如果評價裡不只一則「負面」＋「字多」的誠懇留言，那就要小心了。

看評分高低

在 Airbnb 訂佛羅倫斯民宿，我認為評分至少要 4.5 分起跳會較有保障。因為我住的地雷房源，目前評分為 4.12 分。

看房東態度

一個人的品格，在遇見挫折時最真實。

無論在 Airbnb，在 booking.com 訂房網站，佛羅倫斯的房源評價和其它城市不太一樣，堪稱獨特風景，當旅客留下負面評價時，有些房東不針對問題改善，甚至會反過頭來指責房客太挑剔，有的還會叫顧客應該去住五星飯店，光看評論留言就覺得實在太精彩了。有這種「回擊式」留言出現，就要做好心理準備、小心留意了。

祕筆記　林果　把評價「視覺化」

以上的招都用了，還是猶豫不決？我的終極大絕招：試試「評價視覺化」。雖然會花費一點時間精力，但是不失一個幫助下定決心的方法。

步驟 1：把所有評價用中文翻譯後，複製貼上到 word 檔。

步驟 2：把負面評價全改為紅色粗體字。

步驟 3：把 word 瀏覽比例調到最小（10%），可一次看五十至八十頁的頁面。

步驟 4：畫面看起來如何？一片滿江紅，還是零星幾點紅？把眼前的紅，想成是地雷，地雷愈多，踩雷機率愈高。數一數，紅色留言量若超過兩成，建議直接放棄此房源較好。以我住的地雷房源評價來說，剛好佔比兩成。

GET 博物館卡

　　佛羅倫斯古蹟多，一間一間看下來價格不便宜，有「佛羅倫斯卡」不僅可快速通關，連交通也包含在內。比較特別的是，佛羅倫斯卡只有一個選項：72 小時卡，還好佛羅倫斯古蹟多，連看三天也不一定看得完。

　　72 小時卡 50 歐雖然要價不菲，但算一算，光是烏菲茲美術館 15 歐、學院美術館（大衛像原作在此）15 歐、碧提宮 16 歐，3 處相加已 46 歐，加上喬托鐘樓登頂 6 歐、百花大教堂登頂 8 歐，是容易回本的城市卡。

佛羅倫斯卡價格

	2013 年	2023 年
72 小時卡	50 歐	85 歐

Firenze Card
官網

◆ 火車站對面旅遊中心可買，還有免費市內地圖可拿
◆ 習慣使用電子票券和地圖的人，可上官網買數位票和下載 app
◆ 漲幅不小，建議購買前需作功課，做整體綜合評估

第 1 站
巴黎

第 2 站
阿姆斯特丹

第 3 站
柏林

第 4 站
布拉格

第 5 站
布達佩斯

第 6 站
維也納

第 7 站
薩爾斯堡

解鎖城市任務

城市任務

佛羅倫斯宇宙中心：麥迪奇家族

　　如果說文藝復興是歐洲文化運動之母，那麥迪奇家族就是最重要的幕後推手。想要輕鬆了解麥迪奇家族歷史，建議可以看看 Netflix 上的《麥地奇家族》影集，雖說情節和時間順序不免做了誇飾和改編，但不失為快速理解歷史背景的入門款。懂了麥迪奇家族和佛羅倫斯之間的愛恨糾葛後，這趟「麥迪奇家族之旅」就可以準備啟程。

 ## 秒懂麥迪奇三百年歷史

| 掌握四大關鍵人物

- ◆ 命運崛起老喬：銀行創辦人
- ◆ 國父・老科西莫：奠定政、權、財三方基礎
- ◆ 豪華王羅倫佐：享譽盛名
- ◆ 科西莫一世：再度崛起，輝煌更盛

| 從建築到藝術，家族三百年興衰史（景點 vs. 意義）：

- ◆ 百花大教堂：確立聲望

第 8 站
慕尼黑
第 9 站
弗萊堡
第 10 站
威尼斯
第 11 站
佛羅倫斯
第 12 站
米蘭
第 13 站
科隆

◆ 里卡迪宮：老宅祖厝
◆ 領主宮：重新掌權
◆ 碧提宮：權財兩盛
◆ 烏菲茲美術館：掌控經濟
◆ 家族小聖堂：終歸塵土

命運崛起：家族大樹之根・老喬

麥迪奇家族出身不高，原為農家，以販售羊毛起家，因放高利貸暴富後開辦銀行，漸漸經商致富。但沒有貴族血統，也沒有宗教人脈，有錢後第一件事就是將手伸向政治：扶持自己人進入教會，進而幫教皇理財，政治宗教一把抓。另一方面，與沒落欠債的貴族聯姻，提升家族「血統」的高貴性。從此，麥迪奇家族有錢、有權、有勢，在佛羅倫斯地位日趨高漲。

在長久的努力下，麥迪奇家族最終成果：兩位法國皇后、三位教皇，連法王路易十三的母親，路易十四的祖母，也是出自麥迪奇家族。

東方人說英雄不論出身低，但 13 到 17 世紀的西方人，極為重視貴族血統，像麥迪奇家族這樣白手起家，從底層奮鬥上來的人，不但無法獲得尊重，還時常被死對頭「帕齊家族」嘲笑是暴發戶、沒文化、放高利貸、賺黑心錢。

就算再有錢，出身永遠是麥迪奇家的硬傷。

喬凡尼（老喬）作為麥迪奇家族銀行創始人，深諳韜光養晦之理，做人低調謹慎，不愛炫富。以老喬過世時的交稅紀錄顯示，他是佛羅倫斯首富，儘管家裡已經富得流油，但仍要全家上下營造「節儉人設」，吃穿用度與平民無異。一來避免顯眼，引來不必要的麻煩，二來營造與平民同在、與貴族對抗的親民公眾形象。

他的兒子科西莫，謹遵父親教誨，不打腫臉充胖子，而是選擇在敵人看不見的地方慢慢壯大自己。最終，科西莫從父親手中繼承大量遺產，並成為銀行的實權掌舵者，他不負期許，在父親打下的豐厚基礎上更上一層樓。

第1站
巴黎

第2站
阿姆斯特丹

第3站
柏林

第4站
布拉格

第5站
布達佩斯

第6站
維也納

第7站
薩爾斯堡

威名遠播：高利貸之子·終成國父

如果麥迪奇家族僅僅只是努力賺錢、操弄權勢、收買人心，也不會在歷史留名。麥迪奇與一身銅臭味商人的最大差別，在於除了會賺錢、搞權謀，也投資藝術。

投資藝術的背後原因，恐怕並非 Netflix 美化後的故事如此單純（成為一名藝術家是科西莫的夢想和遺憾）。當時的教會與政治已經腐敗，麥地奇家族非常聰明地利用了這樣的腐敗，雖然家族實力不差（有錢、權、勢），但為了攏絡人心，努力營造一種對抗傳統貴族、和人民同在的形象與人設。

例如：反對課重稅。麥迪奇家族提倡實施更公平的稅制，以防貴族逃漏稅。另一方面，資助藝術領域，但不再侷限為宗教服務，而是偷偷將重心轉移為注重人文精神。總而言之，就是從金錢到藝術，都和「傳統價值觀」反著走。尤其是藝術，在麥迪奇家族心中，這不只是一項好投資，更是革命的好談資：革除歐洲中世紀的腐敗，也擴大自我影響力。

但是，不管投資藝術的起因為何，歷經幾代人的心血，在無

▲聖十字教堂的但丁衣冠塚

▲聖十字教堂的伽利略之墓

心插柳下，文藝復興終將長成一棵結實纍纍的大樹：米開朗基羅、達文西、拉斐爾、喬托、波提切利、但丁⋯⋯藝壇巨匠人才輩出，引發文藝復興浪潮，從佛羅倫斯開始，襲捲各地，一發不可收拾，最後甚至擴及至全歐洲，乃至影響至今。

「文藝復興」不僅僅只是文化的、藝術的，更是語言的。

其實中世紀時，歐洲並沒有「義大利」國家的概念，散落在各地的城邦都使用地方家鄉方言，沒有統一語言，反觀佛羅倫斯，在麥迪奇家族的統

▲聖十字教堂裡有許多名人墓，墓上的雕塑亦是絕世藝術品。此為米開朗基羅之墓

治下，經濟、人口、文化，全面性的高速發展，而世界不變的法則就是：誰國力強、文化強，風向球就跟誰走。

加上此時誕生了一位傳奇人物：但丁，他用佛羅倫斯方言創作了《神曲》這本世界知名文學創作，在大量傳播之下，造成不得了的影響：佛羅倫斯方言打趴所有人，成為「官方國語」，也就是今日我們認知中的「義大利文」！這也是佛羅倫斯人覺得自己是天龍國中的天龍國最重要的原因：歐洲文化的中心是文藝復興，而文藝復興的中心在佛羅倫斯。

正因為文藝復興運動影響深遠，因此科西莫亦被授予「國父」殊榮頭銜。

這裡的「國父」並非指建立新國家，而是指維護羅馬國土有功之人，雖說和實質權力沒啥關係，但通常只有羅馬帝國的皇帝才能擁有此頭銜，科西莫終歸不是帝王，能獲此頭銜確是殊榮。距上一位被授予國父頭銜的人，已是一千多年前的事，科西莫是最新，也是目前史上最後一位獲此頭銜的人。

行前排兵佈陣　解鎖城市任務　結語

265

第1站
巴黎　　第2站
阿姆斯特丹　　第3站
柏林　　第4站
布拉格　　第5站
布達佩斯　　第6站
維也納　　第7站
薩爾斯堡

但文藝復興是好幾代人的苦心經營，才得以開花結果，怎麼頭銜就頒給了科西莫呢？雖說投資藝術是從老喬開始的，但佛羅倫斯最出名、最重要的百花大教堂大圓頂（因工程技術差點難產）是科西莫排除萬難完成的，加上他投資在藝術的錢最多，灑下文藝復興種子的正是科西莫本人。

因為輩份高、功勞大，加上義大利人為了不忘先祖，常常取一樣的名字，所以科西莫又被暱稱為「國父科西莫」或「老科西莫」加以識別。

註：所謂「文藝復興」，原希望重返古希臘時代，發展進步的文明、科學、藝術，在舊有古典基礎上做新時代的創新。無論在繪畫或思想，皆不再侷限於為宗教服務，開始融入科學研究，發展繪畫透視法，重視人文精神，思考創作的意義。

運氣也是一種實力：天選之子・豪華王羅倫佐

不得不說，豪華王羅倫佐一生最卓越出眾的能力就是：投胎。

時間：文藝復興黃金時期。地點：佛羅倫斯首富之家。

前人種樹，後人乘涼，說的正是豪華王羅倫佐的一生。

站在巨人的肩膀上：曾祖父老喬、祖父老科西莫打下的江山，羅倫佐是純天然的富三代，不但衣食無缺，更躬逢盛世，文藝復興三傑、藝壇巨匠，都是在這個時代輝煌誕生。而羅倫佐繼承家族的優良傳統，贊助藝術毫不吝嗇，出手大方，雖然其貌不揚，但卻深受人民愛戴，因此才有「偉大的羅倫佐」盛名。

但若論實政，羅倫佐其實算是一位讓家族沒落的領導者，雖然很會花錢卻沒學會如何賺錢，加上對軍事力量的輕忽，以至於晚年不能制衡各方勢力，只能勉強維持表面的和平假象，實際上各方勢力蠢蠢欲動，家族如履薄冰。羅倫佐還在世時，家族裡已有數家銀行面臨倒閉，他在晚年時甚至私自挪用國庫，偷用基金。他過世後，在外國勢力和教會的雙重壓力下，佛羅倫斯的太平盛世，瞬間土崩瓦解。

羅倫佐留下了家族沒落的苦果，給繼位的兒子獨自承擔，懦弱無能的皮耶羅才上位兩年，民怨四起加上戰爭失利，可憐的他不但被驅逐出境，家族華麗別墅被搶奪一空，客死異鄉，人稱「不幸的皮耶羅」。

從老科西莫到孫子豪華王羅倫佐，不過短短五十八年，應證了：富真過不了三代。

重登輝煌巔峰‧科西莫一世

在不幸的皮耶羅之後，麥迪奇家族四分五裂，被驅逐的驅逐，被暗殺的暗殺，勢力衰微。好在羅倫佐的次子和義子皆在教會擔當要職，才能等來讓家族重拾榮光的科西莫一世。

雖然和國父老科西莫同名，但科西莫一世其實身出旁系，並非麥迪奇家族嫡出，沒想到他的劣勢，卻為他帶來優勢。十七歲時，家族長老暗箱操作，捧他上位，老奸巨猾的勢利眼們，看中的就是他年輕，容易操控，想要他做傀儡。不過事實證明，老人們是時候交棒回家養老了，因為科西莫一世雖然年輕，但個性果決，手段狠準，是個專制的獨裁主義者。

歷史對他評價好壞各半，因為他對人民課重稅，但資助藝術時又慷慨大方；他雖然愛打仗，但憑藉卓越的軍事能力，打的都是勝仗，擴展領地，進而重新建立佛羅倫斯的聲望，提升自主性、獨立性和尊嚴。他還很有外交手腕，首度創立「托斯卡尼大公」頭銜，讓麥迪奇家族在往後能夠名正言順統治二百多年，即使後來家族子孫們沒什麼傑出貢獻，卻再也沒有其它貴族敢出來叫板。他大興土木建宮殿，碧提宮、瓦薩里長廊、烏菲茲美術館都是他的傑作，最終成為現代人的文化藝術珍寶。

林果祕筆記　「麥迪奇家族之旅」散步路線

佛羅倫斯卡有多達五十個參觀景點，不可能每處都看，時間有限之下，其中與麥迪奇家族有關、非看不可的景點，我規劃出一條「歐洲傳奇‧麥迪奇家族之旅」必看參觀路線。

◆ 聖母百花大教堂
◆ 里卡迪宮
◆ 領主宮
◆ 麥迪奇家族聖堂

老科西莫站穩腳跟第一戰 1296–1436‧聖母百花大教堂
Cappelle Medicee

當年百花大教堂的穹頂，因為改動設計，使得穹頂尺寸愈來愈大，最後居然沒有工程技術能保證完成，在眾人束手無策之際只能停工，因此在教堂中殿完成後，百花大教堂一直沒頂蓋，保持「露天」狀態長達三十八年。

直到 1418 年重新展開建築圖競賽，麥迪奇家族身為圓頂建築最大的贊助者，最後決定將這項不可能的任務，交給家族的御用建築師：布魯內列斯基來完成。十八年後圓頂完工，此時，科西莫剛上位兩年。百花大教堂的圓頂，如同科西莫的加冕皇冠，他的威望也達到史無前例的高峰。

▼有別於巴洛克、哥德、洛可可，百花大教堂有著獨特的義式美學

第8站
慕尼黑

第9站
弗萊堡

第10站
威尼斯

第11站
佛羅倫斯

第12站
米蘭

第13站
科隆

起家厝與科西莫 1445–1460・里卡迪宮 Palazzo Medici Riccardi

其實里卡迪宮更貼切的名字，應叫麥迪奇宮，算是麥迪奇家族的「起家厝」。

話說當年科西莫和建築師布魯聯手完成大圓頂，打了一場漂亮勝仗，因此當科西莫想打造家族的第一座宮殿時，第一時間想到的也是找布魯。但不知布魯是不是心態有些膨脹，總之，科西莫對他浮誇的設計非常不滿，畢竟科西莫可是謹遵父親教誨，比起炫富更愛樸素，走曖曖內含光、節儉樸實人設路線。於是他退了布魯的設計稿，改由其學徒設計建造。所以，雖然里卡迪宮是佛羅倫斯第一首富的「起家厝」，但若是期待這裡金碧輝煌、廣大無邊，那恐怕就要失望了。

▲里卡迪宮又可稱麥迪奇宮，別看它不豪華的樣子，卻是實至名歸的「豪宅」，也是麥迪奇家族的起家厝

269

　　別看里卡迪宮小，這裡是「意義上」真正的「豪宅」。因為中世紀並不流行買地自建，為了節省費用，通常是在舊有基礎上，整理改造、擴建，基本上，像百花大教堂、凡爾賽宮，都是「修建」而成的。但身為家族祖厝，怎麼可以隨隨便便呢？訂製服算什麼，老科西莫可是「訂製宮殿」。

　　宮殿雖樸素，但有令人驚喜的亮點。

亮點1：華麗的「鏡子畫廊」

　　一氣呵成的天頂壁畫，是整座宮殿最華麗、最有氣勢的裝飾。大廳裡放著可觀數量的名椅：Phillip Starck 設計的經典「幽靈椅」。透明塑膠椅和空間完全不違和，因為透明，反而給空間營造一種輕盈感。

◀里卡迪宮中最華麗的空間，當屬鏡子畫廊莫屬，天頂壁畫相當華美

▼里卡迪宮地上六個圓圈可不是夏威夷披薩的火腿，而是麥迪奇家族的家徽

亮點 2：二樓的賢士小聖堂（Magi Chapel）

在小聖堂牆上有幅《東方三聖朝拜》壁畫，麥迪奇家族其中三人在畫中化身為東方三聖，奇特的是，畫中最英俊、年輕又身騎白馬的領軍人物，居然不是老科西莫，而是他看好將會一展鴻圖的孫子羅倫佐，他和兒子則在後方騎馬。

老科西莫眼光果然精準，他的兒子不太中用，孫子反而才幹出眾，史稱「偉大的羅倫佐」或「豪華王羅倫佐」。不過這幅畫中的羅倫佐是被「美顏」過的，據說真人版羅倫佐其實是家族中算長得比較抱歉的，老科西莫可能有孫子濾鏡，自家的孩子，再醜也是帥的。

既然作為起家厝，小羅倫佐也曾在此老宅裡住過一段時間，真到後來家族沒落，起家厝被不肖子孫斐迪南多二世賣掉，由貴族里卡迪收購，才改名為里卡迪宮。不過還好，1814 年再度收歸國有，現在才能開放參觀，不過仍有部份空間作為政府辦公室使用，同樣都是「治理者」的辦公室，也算是一種「意義上」的傳承吧。

科西莫一世的再度崛起‧領主宮 Palazzo Vecchio

自 13 世紀起，領主宮一直是佛羅倫斯的統治中心，類似今天的市政府。但科西莫一世居然在 1540 年自行宣佈搬進「領主宮」居住，大有宣示主權「市政府是我家！」的味道，可見其氣勢之狂妄。有趣的是，當年領主宮樓上，還曾關押過他的曾曾祖父國父科西莫呢（可見當年家族奠基者的辛苦啊），入主領主宮，也算是一種光耀門楣（咦？）。

▶ 領主宮是統治佛羅倫斯的象徵

27

今日的領主宮，亦是佛羅倫斯的市政廳，在科西莫一世精心裝飾之下，此處參觀的最大亮點，當屬氣勢豪闊的「五百人大廳」。

▲在沒有網路視訊會議的年代，豪華氣派的五百人大廳是議論政事的重要場所

想像幾百年前，五百人聚集在此議事，在沒麥克風、投影布幕的年代，說話要夠大聲，才能讓現場五百人都聽得清楚。據說左右兩側牆上連幅巨型壁畫，是當年達文西和米開朗基羅大決鬥 PK 現場，不過這場 PK 沒有結果，達文西挑戰古早蠟畫技術卻以失敗告終，米開朗基羅則是被召喚去羅馬工作，因此兩人都沒有完成壁畫。後來科西莫一世在裝修時，負責工程的瓦薩里，以新壁畫取代了達文西未完成的壁畫，大師創作從此消失，實在可惜。

第8站
慕尼黑　第9站
弗萊堡　第10站
威尼斯　第11站
佛羅倫斯　第12站
米蘭　第13站
羅馬

◀看著牆上的壁畫，讓人不禁想像當年達文西和米開朗基羅「鬥畫」的名場面，可惜未完成的畫作被清除，不然今天必然又是一處熱門觀光景點

除了兩側壁畫，天頂壁畫裝飾華麗，也很值得一看。找一找，老科西莫、羅倫佐，幾乎都被畫上去了，最好認的當然是付工程裝修費的科西莫一世，身旁圍繞二十二個小天使、二十四個徽章盾牌，被天使加冕的科西莫一世，彷彿成了神話中的人物。

◀來到領主宮，可以找一找天頂上，身旁被 22 個天使圍繞，而本人正在被天使加冕的科西莫一世畫像

1549 年，科西莫一世的妻子在河對岸買下蓋到一半的碧提宮。巧合的是，這是當年建築師布魯（就是成功蓋出教堂大圓頂的那位）為富商路卡・碧提所設計的宮殿；可惜後來碧提家族破產，宮殿遲遲沒有完工。沒想到事隔一百多年後，最後還是由麥迪奇家族接手完成，只能說麥迪奇和布魯還真是有緣份啊。除了碧提宮，還增建了波波里花園。

273

▲帶領家族走向盛世的科西莫一世，碧提宮和波波里花園可說是就像路易十四的凡爾賽宮，是他到達人生巔峰的象徵

　　在碧提宮完工後，科西莫夫婦兩人便搬進這裡居住，因此碧提宮又被稱作新宮，領主宮被暱稱為舊宮。如今，碧提宮的宮殿成為博物館，內部有華麗的巴洛克風格裝飾，與古羅馬階梯式風格花園，一起開放給民眾參觀。

如果說只有這些，那麼我絕不會給科西莫一世「青出於藍，更勝於藍」的封號。買城堡、贊助藝術，只要有錢，誰都做得到。但對外能打仗，對內還能建設經濟，那就不是人人都做得到的。

1560 年，科西莫一世為了更全方位的掌控政治與經濟大權，打算將所有分散各地的公會組織集合在一起辦公，於是決定在領主宮旁邊新建一棟「集合式辦公室」，從領主宮旁延伸至河岸邊，左右兩列三層樓長廊建築，中間橫以一條空中走廊連接，使兩棟樓的來往更方便。這正是烏菲茲美術館的前身。

不得不說，科西莫一世絕對是 16 世紀的最佳 CEO 和時間管理大師，在沒有電話、網路、email 的時代，提高辦公效率最快的方式，就是把大家集中在一處，有事可以隨時討論，不需要騎馬到另一個地方，重點是還不知道對方在不在，省下浪費的來往交通時間，讓溝通更快速有效，降低時間成本。

不僅如此，烏菲茲還是個「多功能」大樓。1565 年，科西莫一世兒子大婚，為了預防有人趁婚禮進行暗殺，他命令設計師蓋一條祕密通道，從領主宮一路連接烏菲茲美術館、老橋、教堂，最後通到碧提宮的波波里花園，總長達一公里。

可惜在他之後，麥迪奇家族再也沒有人能夠超越他，他所創立的托斯卡尼大公之位，在他過世一百六十三年，第七代托斯卡尼大公也去世後，麥迪奇家族算是正式喪失政治影響力，家族最後繼承者是安娜‧瑪麗亞，虎視眈眈的歐洲各國以女性只能繼承家族遺產，反對其繼承大公之位為由，正式結束麥迪奇家族的統治。

安娜‧瑪麗亞雖無力繼承托斯卡尼大公，但身為麥迪奇家族的子孫，她絕對是一位有才幹、有膽識的女中豪傑。在去世前，她完成了三百年前國父科西莫的預言，將麥迪奇家族幾百年來蒐藏、建立的所有藝術財產，包括宮殿、雕塑、繪畫等，全數捐給佛羅倫斯，向公眾開放展示。她心如明鏡，知道唯有在全體市民的監督下，無論將來由誰繼承大公統治佛羅倫斯，麥迪奇家族在這塊土地投注的心血與累積百年的藝術文化才能永留在此，避免被搶奪得支離破碎。這正是烏菲茲美術館成立的由來。

第1站
巴黎　第2站
阿姆斯特丹　第3站
根特　第4站
布拉格　第5站
布達佩斯　第6站
維也納　第7站
薩爾斯堡

「也許不到50年，麥迪奇家族就會被驅逐，被世人遺忘，但是這些建築和藝術，卻會永遠存在。」——國父科西莫

在《麥地奇家族》影集中，老喬曾說：「佛羅倫斯是麥迪奇家族的根。」佛羅倫斯的根，又何嘗不是麥迪奇家族呢？

家族的安眠之所・麥迪奇家族聖堂 Cappelle Medicee

▲烏菲茲美術館是佛羅倫斯的寶藏景點

麥迪奇家族之旅的最後一站，來到聖羅倫佐教堂和麥迪奇家族小聖堂，這裡是麥迪奇家族的長眠之處，旁邊還有米開朗基羅設計的羅倫佐圖書館。

建造於西元4世紀的聖羅倫佐教堂，在百花大教堂完工前，一直是佛羅倫斯最大、也是最重要的教堂，後來因百花大教堂太有名，而略居次位，但聖羅倫佐教堂在佛羅倫斯仍有重要地位。

聖羅倫佐教堂原本是一座「民眾教堂」，當年老喬決定贊助修建，負責工程是家族的老朋友布魯，不過工程進度很慢，老喬沒能活著看到教堂的完工，只能由兒子國父科西莫完成老喬遺願，只是不知怎的，贊助贊助著到後來，這裡卻成了麥迪奇家族的私人教堂？

教堂週日時會有教會活動，不開放民眾參觀，不過我覺得若能遇上活動也是一種緣份，不妨假裝信徒參與活動，感受莊嚴氛圍，也不失是一種文化體驗。只是要遵守禮節，只用眼睛看，不要用相機拍照。

第8站
慕尼黑　　第9站
弗萊堡　　第10站
威尼斯　　第11站
佛羅倫斯　　第12站
米蘭　　第13站
科隆

可別被教堂正立面的「粗糙」給嚇到，這樣的毛粗胚並不是什麼特別設計，而是後來家族沒落沒錢，無法順利完工，於是就一直維持毛粗胚的樣子。教堂內部樸實素淨到一個單調，或許會令許多人失望，但我覺得這或許就是老喬的風格，一位實幹型創業家，只有真正知道賺錢辛苦的人，才會將每一分錢都花在真正的刀口上。畢竟沒有前人的小心翼翼、如履薄冰，哪來後繼子孫雄起的資本。

但若走進小聖堂，又是完全不一樣的風景。

小聖堂是家族的專屬陵墓室，此處最大亮點是王子教堂（Cappella dei Principi），和新聖器室（Sagrestia Nuova）。看過一眼，不只終身難忘，在歐洲絕對找不到第二間。

王子教堂由科西莫一世所興建，處於史上最巔峰時期，可以想見這裡會有多華麗。托斯卡尼式的華麗和法式華麗完全不同，不是炫富式的黃金、鑽石鑲一堆，簡單來說，是以世代最頂流、稀有的彩石，雕塑，鑲嵌技術三者合一，在沒有電力、也沒有鑽石雕刻刀的年代，能將各種寶石、大理石鑲嵌的如此細緻精彩，只能說巧奪天工。這是只有科西莫一世才能創造的「麥迪奇式華麗」。

新聖器室由米開朗基羅設計，為了和當年布魯設計的舊聖器室對稱，米大師也採四方設計，不同的是，雕刻大師親自出馬，為陵墓親自創作大理石雕像。著名的白天黑夜、清晨黃昏的擬人化雕像，還有放在豪華王羅倫佐墓上的「聖母與聖子」，都是參觀必看的藝術品。

巧合的是，麥迪奇家族安眠之地的斜對角街巷，正是里卡迪宮所在。

從老宅祖厝里卡迪宮啟程，麥迪奇家族一路進駐過領主宮，建造過烏菲茲，跨過大河，在對岸建造了華麗的碧提宮……繞了一圈，仍舊回到原點，回到老宅祖厝旁安眠。

人生在世，無論再繁華，擁有再大的權力，在終點永恆不變的是：死神面前，人人平等。

第1站
巴黎　　第2站
阿姆斯特丹　　第3站
柏林　　第4站
布拉格　　第5站
布達佩斯　　第6站
維也納　　第7站
薩爾斯堡

體驗任務

站在城市之頂穿越時空

　　如果說，登頂聖母百花大教堂，是為了俯瞰佛羅倫斯，那麼登頂喬托鐘樓，就是為了俯瞰聖母百花大教堂。

　　仗著有佛羅倫斯卡，所以我們決定百花大教堂、喬托鐘樓兩處都要登頂。更瘋狂的是，我們決定在同一天，同時登上圓頂和鐘樓（兩處都沒有電梯），因為怕爬了一座，另一座在鐵腿的狀態下登頂只會更痛，倒不如狠下心，一天登兩座頂。果媽則認為自己已經登過巴黎聖母院塔頂，此生已無遺憾，所以就不參與我們的瘋狂登頂 party，選擇在百花大教堂裡面慢慢參觀，順便等我們。

　　冬天旅行的好處，就是不用排隊，也不用人擠人。像百花大教堂、烏菲茲美術館這種超級熱門景點，通常至少要排一至二小時的隊才能進入，而我們則是一秒通關。

百花大教堂登頂推薦一遊

▲百花大教堂的天頂壁畫非常值得上樓一觀

第8站
慕尼黑

第9站
弗萊堡

第10站
威尼斯

第11站
佛羅倫斯

第12站
米蘭

第13站
科隆

就算沒有電梯，我也堅決要登頂百花大教堂。

登頂除了可以俯瞰整個佛羅倫斯，最重要的是，這裡有全世界獨一無二、不可取代的超值體驗：近距離欣賞文藝復興重大傑作，瓦薩里《最後的審判》穹頂濕壁畫。

在登頂途中，從狹窄的小石梯，轉向進入穹頂內部，沿著穹頂壁畫，繞牆一圈的小平台，讓旅人「零距離」欣賞穹頂濕壁畫。

壁畫上的人物，沒有上千也有上百人，個個栩栩如生、姿態各異，由下而上，從地獄到天堂，共分五層，當我走到「地獄區」，彷彿可以聽見牛鬼蛇神們的吼叫，和被懲罰的靈魂在哀嚎。

比起站在教堂底下觀看，近距離欣賞壁畫，實在震撼。

平台比較窄小，一次只能容下一人行走，還好當時沒什麼遊客，所以後方沒有人潮排隊，不用承受參觀壓力，因此我們幸運的停留了滿長的時間，在半空中慢慢欣賞。畫壁畫的人真的很辛苦，我光是仰著脖子看，沒多久就頭暈了，好在平台旁都有架設透明壓克力架，安全無虞。但一想到幾百年前的畫家，要畫這麼多的人物，還要在非平面的牆上留意比例和結構，沒有紮實的硬底子功夫，恐怕還真的做不到。

欣賞完壁畫後，再繼續上樓，可到達戶外小平台，以 360 度環繞欣賞整座佛羅倫斯老城，而這裡也是全城唯一一處，看不到百花大教堂圓頂的地方，因為我們正踩在大圓頂上面啊。不過沒關係，只要上對面的喬托鐘樓，就可解此遺憾。

解鎖喬托鐘樓

不管什麼教堂，登頂常常需要一氣呵成，而且登頂石梯通常非常窄小，在後面有人的情況下，常常進退兩難。但是喬托鐘樓有分三層，每一層中間會有一個小平台空間，可以稍做休息、拍拍照、喝口水後再往上爬，若有長輩隨行，可選擇上喬托鐘樓，比較沒有壓力。

第1站
巴黎

第2站
阿姆斯特丹

第3站
柏林

第4站
布拉格

第5站
布達佩斯

第6站
維也納

第7站
薩爾斯堡

▲爬上喬托鐘樓，是欣賞百花大教堂圓頂的最佳視角，在此想像當年穹頂難產，國父科西莫奇蹟般完成的瞬間特別有感

　　冬天灰濛濛的天空，在我們爬上喬托鐘樓之後突然放晴，在陽光、藍天白雲之下的佛羅倫斯真美，這裡同時也是欣賞百花大教堂的最佳視野。

280

第 8 站
慕尼黑

第 9 站
弗萊堡

第 10 站
威尼斯

第 11 站
佛羅倫斯

第 12 站
米蘭

第 13 站
科摩

結語

佛羅倫斯 教會我的事

雖然住宿不幸踩雷，但我還是很喜歡佛羅倫斯。

如果一個城市的歷史人文夠豐富，即便現實物質有些不足，也不會影響對一個城市的探索和喜愛。

整個過程中，最令我驕傲的，就是我的家人們。

在惡劣的住宿環境下，還能苦中作樂，把吃苦當吃補。

窗戶漏風，我們自我安慰，至少這裡暖氣夠暖。床太小，還好是冬天，擠一擠感情才更好。住頂樓加蓋也不錯，看看民間疾苦，就當作一種另類體驗吧。該吃就吃，該睡就睡，該血拼就血拼，該衝博物館時，照樣衝博物館。旅行有如人生，豈能事事盡如人意。

順境，讓人「體驗」旅行；逆境，讓人「體會」旅行。雖然住的不好，但我們總有法寶。

住宿
280€
交通費
77€
門票及食費
200€

花費結算榜

實際花費 =557€
計劃預算 =555€
本站總結 = 超支 2€
預算佔比 =4%

目前預算 = 盈餘 694 €

佛羅倫斯
Firenze

跨境移轉

米蘭
Milano

N
W ✦ E
S

早上七點，天還沒亮，大批旅客在火車站寒風中等待。

早有耳聞，義大利火車誤點是家常便飯，雖然有心理準備，但是當火車告示牌上出現不可思議的數字：Delay 40分、120分、180分、240分，最後甚至直接消失。看來義大利火車常誤點並非刻板印象，而是生活日常。

相較於我們的緊張，身旁的義大利人全都一副習以為常的樣子，選擇默默走進溫暖明亮的商店，買咖啡、買早餐，彷彿一切再正常不過了。我突然明白為什麼義大利人早上一定要來一杯超濃縮黑咖啡了，因為此刻我也很需要。

從佛羅倫斯到米蘭，搭乘高鐵紅箭，當日售票60歐，早鳥票到手價19歐，約省台幣4600元。

佛羅倫斯和米蘭都算大城市，每天有多班高鐵往返，如果遇上火車沒來，只要等待下一班高鐵即可。不過為了保險起見，我還是拿著車票先向列車長確認是否可以搭乘。可能因為誤點、換車的乘客太多，第一次在火車上沒人驗票。

旅費進度條 ▮▮▮▮▮▮▮▮▮▮▮▮ 17% 餘額　　日程進度條 ▮▮▮▮▮▮▮▮▮▮▮▮ 16% 倒數

義大利

第12站

Milano

在米蘭尋找 達文西足跡

心願清單

- ☑ 艾曼紐二世迴廊
- ☑ 史豐哲城堡
- ☑ 冰淇淋 GROM
- ☑ 油炸小餡餅
- ☑ 世界文化遺產：米蘭大教堂

行前排兵佈陣

▲不帶大行李，可住無電梯五樓公寓

▲將景點集合參觀，降低交通工具使用率

日程規劃

號稱「最無聊的城市」的米蘭，說實話，觀光大景點除了米蘭大教堂、艾曼紐二世迴廊、最後的晚餐壁畫三處之外，若和我一樣不愛血拼，還真的沒有非看不可的景點和非吃不可的美食。加上米蘭住宿費相對來說算高，因此精準規劃才能省時又有效控制預算。

米蘭大教堂與周圍安排一天，聖羅倫佐教堂、史豐哲城堡是 CP 值高的參觀景點，在特定時間前往還可免費參觀，有興趣的人可再安排一天，時間便很足夠。

GET 交通

　　米蘭市內交通以地鐵為主，幾乎涵蓋所有知名景點。雖然米蘭景點較不集中，但每個地鐵站附近會有三至四個景點，通通參觀下來也需要一天的時間，所以一天搭乘地鐵的次數不會太多，很多時候是住宿來回兩趟車，建議買單次或十次票較划算。喜歡隨興散步，確定會搭三至四次以上地鐵的人，再考慮買一日券。

米蘭車票價格

票種	2013 年	2023 年
單程票（90 分鐘內有效）	1.5 歐	2.2 歐
十張單程票	13.8 歐	19.5 歐
一日票	4.5 歐	7.6 歐
二日票	8.25 歐	
三日票		13 歐

米蘭官網

◆ 單程票自第一次驗證起 90 分鐘內有效

◆ 十次票不能多人同時使用

◆ 使用前需找打票機打上啟用日期時間，否則會視為逃票

GET 住宿

　　米蘭房東又是一個「不露面」型房東。

　　在繼薩爾斯堡的「超過上百個信箱中找鑰匙」挑戰後，沒想到在米蘭又要再次挑戰同款任務，而且遊戲體驗再度升級：這次要在四棟大樓裡，找出藏在腳踏墊底下的鑰匙！

　　經驗法則告訴我，房東往往是遠水救不了近火，最快的方法是自救：直接殺上樓尋找。此時我唯一的線索是房間在五樓，我留下果媽、果姊在一樓等待，我獨自上樓尋找，免得同時消耗三人體力。

　　考驗運氣的時刻到了。

　　我先衝進最近的一棟，上了五樓，只見一條又暗又深的長廊，像極了恐怖片場景。我盡量輕巧、不發出任何聲響，一一將各家的腳踏墊都掀起來，但燈光真的太暗了，只好用手在地上摸，以觸覺辨認。

　　我心跳得超快，要是這時有人剛好開門出來，一定會覺得我是小偷。氣溫零度，我卻滿身大汗，羽絨外套內的衣服已經全濕了，可惜失敗了，沒有發現任何鑰匙。此時果姊突然出現，因為果媽擔心我一人「深入虎穴」危險，叫果姊陪我一起。

　　下樓後，剛好看到第二棟大門有人走出來，我趕緊一個箭步上前拉住玻璃門，以防大門被鎖上。爬第二趟五樓樓梯時，速度變慢，有點腿

第8站
慕尼黑

第9站
弗萊堡

第10站
威尼斯

第11站
佛羅倫斯

第12站
米蘭

第13站
科倫

軟，氣喘吁吁，只能不斷祈禱，拜託，讓我發現鑰匙吧！

又暗又長的走廊上，幸運的是沒幾家有腳踏墊，我摸到第三家時，YES！真的有鑰匙！我趕緊試著開門，看到室內擺設和 Airbnb 照片一樣，BINGO！就是這一家！

只能說，薩爾斯堡的「找鑰匙特訓班」訓練不錯，米蘭鑰匙尋寶記，挑戰成功！

林果經驗談：再次「照騙」，緊急聯絡延遲付款

如果說佛羅倫斯是因為房子和設備太過老舊，住得不舒服，那米蘭就是誤入多元種族社區，造成很大的心理壓力。從房子到公車站牌，一路上不知道為什麼，從早到晚都有黑人、中東人站在路邊，是在等工作嗎？雖然他們不一定是壞人，但每天從他們身邊經過，身為女性被盯著看的感覺，不安全感和壓力真的很大，而且時間愈晚聚集的人愈多。

屋外不安，屋內設備亦是破舊。

雖有廚房，鍋具破爛焦黑到令人驚嘆，浴室蓮蓬頭也不見了，只能用水管淋浴，沙發床小到我的雙腿只能懸空，被子上還有破洞。最惱人的是，每天清晨天還沒亮，屋頂鴿子的嘈雜叫聲成了最天然的鬧鐘。其實這些對我們而言，都已經是小場面，比較困擾的是，燒開水時，鍋子底下總有許多白色沉澱物，多到喝水時都能感覺沉澱物刮著喉嚨，可能米蘭的水質特別不好吧，所以米蘭是我們首次去超市買水的城市。

有了慕尼黑的經驗，我們決定趕緊上網向 Airbnb 客服反應，馬上停止撥款給房東。比佛羅倫斯好的是，至少這裡窗戶不會漏風，有一定的保暖效果。我們這樣安慰自己。

林果經驗談：米蘭的雙面生活

老實說，連續兩站遇見地雷住宿，讓我有些自責，身為旅程規劃者，判斷失誤時，多少會陷進低落的情緒。這時，就必須仰賴同行者的智慧了！我的家人們不但不責怪還安慰我說，山不轉路轉，與其自怨自艾，不如以行動改變現狀。

鍋子焦黑變形？那就不要煮吧！

第1站
巴黎　　第2站
阿姆斯特丹　　第3站
柏林　　第4站
布拉格　　第5站
布達佩斯　　第6站
維也納　　第7站
薩爾斯堡

　　果姊說，我們一路為了省錢大都是自己煮，在米蘭就當老天爺提醒我們，偶爾也要享受享受，當個不煮飯、只血拼的貴婦！連買菜時五元十元都努力省錢的果媽也在一旁附和，說錢是幹嘛用的，就是在需要時救急用的。媽……姊……沒想到妳們如此的有大智慧，讓我實在太感動了！

　　早上鴿子吵，房子很爛，路上很危險？那就早出早歸吧。

　　之前為了省錢，中午會折回民宿吃午餐，在米蘭我們一早就出門，中午吃餐廳，下午去血拼，晚上六點回到民宿，避免太晚回家。其實在歐洲旅行，為了安全起見，本來我們晚上也很少出門。

　　我們還有「偽裝」妙招，每天出門特地帶兩個超市塑膠袋，回家時把血拼戰利品放進超市塑膠袋中「狸貓換太子」，營造「歐巴桑」形象。其實我們也沒買什麼名牌，但出門在外，小心一點總是保險。白天逛時尚大街，晚上睡破洞被子的「雙面生活」，果姊笑說，好像日劇《大和拜金女》裡的松嶋菜菜子！

　　果姊的話大大地安慰了我。旅行時，吃好住好玩好是一種快樂，但遇見危機時不抱怨指責，還能互相打氣鼓勵，這是我心中最完美的旅行樣貌。

秘筆記 林果

　　其實前面房客評價裡，有人曾留下這是個「多元種族居住社區」，只是當時我的經驗不夠，無法解讀評價裡的「潛台詞」，雖然多元種族並非代表治安不好，但身為亞洲女性，心理壓力的確會較大。

　　好消息是，時隔十年後，Airbnb 終於意識到旅客在異國的住房風險不比房東低，於 2022 年提出重大改革，過去房東僅有的保險服務，也適用旅客身上，並且是內含在訂單中，無需額外付費。

　　若入住前三十天被房東取消預定、到了現場卻無法入住、房源與描述不符，在三天內向 Airbnb 申報，Airbnb 將會為旅客尋找類似或更好的房源，當然也可以選擇退款，不過人在國外，我覺得直接尋找房源入住是更好的選擇。加上 24 小時全天候、免付費、有中文的客服專線，真的為旅客提升不少安全感，至於實際成效如何，就有待旅客體驗和時間驗證。

第8站
慕尼黑　　第9站
弗萊堡　　第10站
威尼斯　　第11站
佛羅倫斯　　第12站
米蘭　　第13站
科隆

解鎖城市任務

城市任務

米蘭的大客廳

米蘭雖然號稱是義大利的經濟大城，但老實說，不是衝著時裝週來的人，對米蘭最深的印象，就是米蘭大教堂和艾曼紐二世迴廊了。雖然景點不多，但若細細品味，也自有一番風味。

優雅如白色新娘的米蘭大教堂 Duomo di Milano

形容米蘭大教堂說得最貼切的，當屬馬克吐溫：「米蘭大教堂是用大理石寫詩。」

這座全歐洲第三大、義大利第一大教堂，一百三十五座哥德式尖塔，像一百三十五條白色蕾絲向天空竄升，像有生命般拔地而起、往天飛昇。這座量體龐大的哥德式教堂，不僅不覺陰暗沉重，反而給人一種明亮、輕盈的華麗感。

為了維持這一身華麗的白，米蘭大教堂需要年復一年清洗、修復外觀雕像，就近觀察可看到雕像分兩色。3159 尊聖人與使徒雕像，就算一天清洗一尊，也要歷時 8.6 年才能完成。這些人物雕像尊尊姿態各異、表情傳神，繞著米蘭教堂走好幾圈，除了讚嘆，還是讚嘆。哪怕只是將外觀一一細看，也足夠看上三天三夜。在歐洲旅行會參觀不少教堂，但米蘭大教堂令人印象之深刻，絕對不會和其它教堂混淆。

289

▲米蘭大教堂，用大理石寫詩

　　教堂參觀免費，但拍照和上塔頂都需另外付費。若不想上塔頂，我認為在教堂裡找個地方靜下心來好好感受也挺好。我們特地挑選有夕陽的傍晚時分進教堂，想看看夕陽中的金燦斑斕花窗。

　　米蘭大教堂費時六百多年才完成如史詩般的華麗建築，難以想像背後是多少人力、物力的投入，一想到當年蓋教堂的工人，一次也沒見過教堂的完工模樣，反而是我們有幸欣賞如此豐盛的文化遺產，不禁讓人反思，今日我們又能給未來留下什麼？

林果經驗談

　　進教堂前，大廣場上威名遠播的「鴿子幫」、「手鍊幫」，是進教堂前的試煉，無論什麼人、要給什麼東西，絕對不要動搖！絕對不能伸手拿！一旦拿了之後，對方會馬上索要巨額金錢。果媽在廣場與鴿子拍照時，真有一黑人靠近，手中捧著一把玉米，一邊說著 free、free，一邊伸手要給果媽，我們趕緊說 no、no、no，拉著果媽離開。

▲米蘭大教堂雖美，但也要小心留意扒手和詐騙手法

無意中闖進的「米蘭大客廳」隱藏空間

參觀完米蘭大教堂，可順遊艾曼紐二世迴廊（Galleria Vittorio Emanuele II）。這條有著高達 47 公尺的寬闊玻璃天頂迴廊，在高寬廣的空間中灑滿自然天光，號稱「米蘭的大客廳」，為米蘭市招待所有拜訪的旅客。在這裡必做的事，除了欣賞中心交會處的四面濕壁畫，就是尋找在迴廊地板上的公牛圖，腳踏在公牛生殖器上轉一圈，據說就可以獲得好運氣。

這天我因身體不太舒服，和果媽、果姊分開行動，無意間在迴廊發現一處像「市民活動中心」的場所，讓身體不適的我可以好好坐下休息的地方，無疑是久旱逢甘霖。

這裡裝潢擺設樸實乾淨，二樓沙發區有幾位年輕人帶著電腦，一桌一人，獨自默默安靜上網，一樓則有數位白髮老爺爺、老奶奶圍坐一起，

▲▲艾曼紐二世迴廊的壁畫也很值得欣賞
▲在艾曼紐二世迴廊找到公牛圖，踩著生殖器轉一圈據說可以得到好運喔

▲艾曼紐二世迴廊美麗的大穹頂

他們似乎都認識，每天來此碰面聊天，像是生活的日常行程，聊天聊的面色紅潤、哈哈大笑，卻又不至於讓人感覺吵鬧，老歸老，每個人都打扮的挺有型的喔！

一位瘦瘦阿公戴著墨綠鴨舌帽，拄著設計精美的木拐杖；一位氣質高雅的老奶奶，一頭銀白頭髮挽起高雅髮髻盤在後腦，她話不多，但每每出口總讓老爺爺們笑得一臉幸福，我猜她該不會是老爺爺們心中的女神吧？還有一位穿黑色風衣的老爺爺，手裡拿著報紙，一邊翻還一邊指給大家看，頗有學識風範。

雖然聽不懂他們在講什麼，但是默默觀察他們，我好像也跟他們一起度過一段愉快的下午，成了旅途中為數不多，在我心中珍藏的獨處時光。

解鎖「達文西」寶藏景點

要說米蘭的重量級景點，絕對少不了感恩聖母教堂《最後的晚餐》壁畫。

這幅曠世巨作能落腳米蘭，說起來還得拜麥迪奇家族所賜，因為該家族和達文西不合，使達文西被迫離開佛羅倫斯來到米蘭，也才有今天的《最後的晚餐》。只能說當年麥迪奇家族太沒眼光，否則佛羅倫斯擁有的藝術寶藏恐怕只會更驚人，更不會將領主宮中達文西未完成的壁畫給覆蓋消除。

其實《最後的晚餐》當年只是位於該修道院食堂上的一幅壁畫，隨著《達文西密碼》一書全球大賣，現在每天參觀者大排長龍，使修道院加強門禁限制每日參觀名額，不想撲空的話，最好先上網預約參觀時間，而且入內一次只能待十五分鐘。

▲史豐哲城堡

其實除了《最後的晚餐》，我更推薦另一個與達文西有關且更值得參觀的景點：史豐哲城堡（Castello Sforzesco），也有人稱斯福爾扎城堡。

史豐哲城堡在二戰時被炸毀，現今看到的其實是戰後重建版，但城堡牆上仍保有數量可觀的槍眼，不免讓人想像當年這座城堡，一定是身負守衛城邦的重責大任。

當年在史豐哲家族接管並擴建城堡後，達文西曾在這裡住過很長一段時間，除了在城堡的阿熙大廳（Sala delle asse）的天花板留下彩繪壁畫之外，達文西也負責城堡的防禦工程設計，在繪畫才能之外，展現對力學、物理學、武器設計的多方才能。因此這裡也展示了許多他所設計的武器繪圖手稿，該城堡的參觀亮點，還有米開朗基羅未完成的雕刻《龍達尼尼的聖殤》和貝里尼畫作《聖母子》。

293

看著手稿、壁畫，想到幾百年前，達文西曾在此駐留，仍然深深感受到時空的神奇。

祕筆記 林果

如此充滿歷史的史豐哲城堡，門票多少錢？答案是：免費！

雖然免門票，但城堡內的數間博物館需要另購門票，門票只要 3 歐（2023 年為 5 歐），如果想免費參觀的話，可選每個月的第一週、第三週的星期二下午兩點後，和每月第一個周日免費入場，但需先網路預約。

城堡參觀面積大，參觀時間至少抓兩小時，就算沒有遇上免費時段，這麼超值的參觀景點，建議時間充裕也可安排進去！

美食任務

時尚大街也有平價小吃

百年麵包店 Panzerotti Luini

位於艾曼鈕二世迴廊旁，步行三分鐘，有一家 Panzerotti Luini 百年麵包店，賣的油炸小餡餅（Panzerotti）是來米蘭必吃的網紅小吃，店外經常大排長龍。不知是否因為冬天遊客較少，還是因為剛開店人潮不多，這天我們很幸運的不必排隊就能品嚐美食。

據說，一開始店裡其實沒有這道菜，直到有一天，老闆娘想起在祖父食譜中的油炸小餡餅，沒想到試賣後大受歡迎，現在成了北義米蘭特色小吃，但若探究源頭，其實油炸小餡餅的本尊算是南義小吃。

▲米蘭街頭的銅板小吃 Panzerotti

294

　　我覺得油炸小餡餅有點像果媽在威尼斯披薩店點的「披薩餃」卡爾頌（Calzone）的「邊走邊吃」版，除了 size 比較小，卡爾頌是烤的，小餡餅是炸的，所以會較油一點。我覺得也有點像台灣的雙胞胎，外皮是脆脆的金黃色，內餡是蕃茄加起司，雖然口感和層次不算非常豐富，但吃起來鹹甜鹹甜，我還算喜歡。小餅扁扁的，份量不大，無法作為正餐，但作為餐前點心或特色小吃還是挺討喜的。

義大利阿公帶孫子去吃的冰淇淋 GROM

　　義大利人有多愛吃冰淇淋？在義大利教堂門口，禁止飲食的標誌圖上，畫的不是漢堡可樂，而是一支大大的甜筒冰淇淋。

▲ GROM 是當地人排隊也要帶孫子去吃的冰淇淋品牌

▲▲用鐵筒裝冰淇淋保鮮是 GROM 冰淇淋的特色之一
▲香濃的 GROM 冰淇淋，拿到後迫不及待品嚐

第1站
巴黎
第2站
阿姆斯特丹
第3站
柏杯
第4站
布拉格
第5站
布達佩斯
第6站
維也納
第7站
薩爾斯堡

　　和 GELATO DI NATURA 一樣，GROM 也主打不使用色素、乳化劑、香料，且無麩質、無人工果膠，堅持每一口冰淇淋，皆來自天然材料的賜予，是一家對水果充滿熱情和創意的冰淇淋品牌。我常常想，台灣是水果王國，汁甜味美、香氣濃郁，有著毫不遜色全世界的水果，為什麼從來沒聽過主打天然健康的冰淇淋台灣品牌？

　　GROM 有多家連鎖分店，最方便的一家位於艾曼鈕二世迴廊旁，店不大，GROM 比較少為觀光客所知，但每次去仍小有人潮，不過不會等太久，除了成年人，還有爺爺帶著小孫子去的呢。GROM 的特色之一是堅持以「鐵筒」裝冰淇淋保鮮。身為巧克力控的我們，買了一球巧克力，一球咖啡。只能說義大利冰淇淋真的不會讓人失望，香氣濃郁，絲滑順口，算是至今為止踩雷機率為零的食物。

　　排隊時，我們看見一台咖啡黃的復古電車從店外經過，仗著有車票護體，買完冰淇淋後，我們決定大膽跳上復古電車，坐車遊賞夜晚的米蘭。車廂內昏黃的燈光，漆得發亮的木椅木窗，穿著貂皮大衣的女士，此刻的繁華，讓我們彷彿進入米蘭獨特的魔幻時空隧道。

▲老電車帶著我們在米蘭穿越時光隧道

第8站
慕尼黑

第9站
弗萊堡

第10站
威尼斯

第11站
佛羅倫斯

第12站
米蘭

第13站
科隆

結語　米蘭
教會我的事

沒有「米蘭時裝週」的米蘭，只是一個安靜的城市，時尚、名模、設計師、新裝發表會全都不存在。住進舊公寓後，更讓我看到米蘭和時尚完全無關的另一面。

一年之中，在時尚週之外，每一天都存在的是真真實實的底層移民生活。

在遊客視線之外的城市邊緣，是水泥平房，是多元移民種族，這裡公寓屋頂會有鴿子，清晨會被牠們的走路聲吵醒。薄薄的牆壁，聽得見隔壁人家的電視聲、父母說話聲、小朋友嬉鬧聲。無論多早出門，舊大樓的樓梯，總有人已經用很嗆的消毒水拖過一遍。小區離地鐵站有點遠，需要先搭公車才能轉乘，擠到不能再擠的公車上，滿滿的中東移民面孔，陌生下似乎隱藏著些許親切熱心。每天回家都會經過的中國商店裡，賣著熟悉的醬油、白米。

雖然一開始有些恐懼，但現在回看，反而多了一點感謝，因為這個社區和市民活動中心，讓我看到真正生活在米蘭的當地人民面貌，而不只是觀光書上的米蘭。雖然很衝擊，但也很真實。

當時只顧著害怕、應對，現在事後回想，我慢慢愈來愈相信一句話：一切都是最好的安排。

住宿
308€
交通費
106.5€
門票及食費
158€

花費結算榜

實際花費 =572.5€
計劃預算 =555€
本站總結 = 超支 17.5€
預算佔比 =5%

目前預算 = 盈餘 675.5€

米蘭
Milano

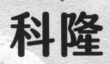

跨 境 移 地

科隆
Köln

來到科隆，就正式進入旅程最後一站了。

旅程最後一週，最後一次移動，是長程跋涉的一天，也是充滿考驗的一天。

車程十二小時，七趟火車，轉乘六次的車程考驗，一路從米蘭穿越阿爾卑斯山，過境瑞士，進入德國，中途轉慢速火車至小鎮 Conni 家，取回三大件行李後再啟程，從小鎮到大城市，從慢速到快速火車，直驅科隆總火車站。

六點起床，七點出門，為了備戰長途拉車的一天，我們準備好各式乾糧、麵包、巧克力餅乾，並在保溫杯中泡好香濃咖啡，絕對是車程中最迷人的享受。

再次見到親切的 Conni，取了行李，並歸還她備份鑰匙。半個月前離開時，為了以防萬一，Conni 給我家中的備份鑰匙，老實說，當下我覺得有點不可思議，雖說彼此相處過幾天，但無論如何，換成是我，絕不會將家中鑰匙交給陌生人。有時我會想，在這個充斥詐騙的時代，我們面對世界的姿態，應該更多防備，還是多點信任，世界才能變得更好？

與 Conni 道別，當我們順利入住科隆時，已是晚上十點，所有商店都已經關門買不到吃的。事實證明，果媽英明，上火車前衝去買的 Döner，在廚房用烤箱烤一下，快速美味的一餐，Döner 又救了我們一命。

旅費進度條 `12%` 餘額　　日程進度條 `10%` 倒數

第13站

德國

Köln

古龍水之都
科隆

心願清單

☑ 科隆古龍水
☑ 科隆家具展
☑ 世界文化遺產：科隆大教堂

第 8 站
慕尼黑　第 9 站
佛萊堡　第 10 站
威尼斯　第 11 站
佛羅倫斯　第 12 站
米蘭　第 13 站
科隆

行前排兵佈陣

▲複雜的火車轉乘資訊將資料放背包

▲腦中演練三遍轉乘訊息與時間

▲移動日要準備好一日的食糧、飲水

**日程
規劃**

科隆和米蘭有點相似，以「科隆家具展」聞名，但展覽之外必看景點不多，好處是景點大多集中在火車站附近，安排一至二日遊即可參觀完畢。

在科隆，其實安排順遊行程反而更有亮點。南有奧古斯都堡（Augustusburg Palace）和波昂市（Bonn）。奧古斯都堡前身是科隆主教的別墅，1984 年被列為世界文化遺產，波昂市的亮點則是貝多芬故居（出生地）。

若只為科隆大教堂而來，可反向思考，將科隆作為其它城市的一日順遊景點，不必非特別住在此地。喜歡快旅行的人，好好善用火車票，可安排半天參觀科隆，另外半天時間參觀波昂貝多芬故居，兩城之間車程時間只要四十分鐘。

科隆亦是很好的跨國跳板，西有荷蘭的馬斯垂克、比利時首都布魯塞爾。從科隆去布魯塞爾，搭大力士高鐵只要兩小時，再以布魯塞爾作為跳板，可前往巴黎、阿姆斯特丹、盧森堡、倫敦，都有各種高鐵可達。

GET 交通

科隆觀光景點不多且集中，科隆大教堂、購物街、旅遊中心、路德維希博物館（Museum Ludwig）、羅馬－日耳曼博物館（Römisch-Germanisches Museum）、歐洲應用藝術設計博物館（Museum of Applied Art Cologne）、古龍水 4711 號店、香水

科隆票價表

票種	2013 年	2023 年
單次票（短程）	1.9 歐	3.2 歐
四次票（短程）	7 歐	12.8 歐
一日票（1 圈）	8.1 歐	7.7 歐
一日票（2 圈）	10 歐	15.2 歐

博物館，以上所有景點都在火車站附近步行約五至十分鐘距離，如果住在火車站旁，基本上不太需要交通費，只需步行即可。

另外，如果有參觀科隆家具展，憑門票可含當日交通，帶著門票搭車即可！

科隆官網

GET 住宿

有鑑於眾多景點都在火車站附近，因此科隆絕佳的住宿位置，就是在火車站附近。但科隆住宿並不便宜，如遇上家具展期間更會一房難求，房價高漲，此時可選擇以火車站為中心，尋找能「一車到達」的房源：無需轉乘，可一車到達。以交通時間、距離，爭取房價調降空間，但還需仔細評估兩者之間的價差、時間是否值得。

林果經驗談：廁所無鎖的文化衝擊

科隆是繼荷蘭之後第二次和房東同住，不同的是，這次是兩位男房東，我們到達只有二房東在，是個斯文的友善帥哥（帥到讓人懷疑是不是 gay 的那種）。

二房東為我們「導覽」如何正確使用民宿，最讓人衝擊的，就是這裡的門全都沒有鎖！連廁所都沒有！不是鎖壞掉，而是根本沒裝，但顯然德國人並不因無鎖而困擾。二房東說，他們都靠開關上的電源燈，來確認廁所內是否有人使用。

我曾聽過德國換鎖、開鎖都非常昂貴，找人開鎖還得先證明自己是房子的主人，但難道德國沒有賣只能內鎖的鎖嗎？如果台灣的喇叭鎖來德國販售，可能會大賣？當下我只覺得使用不方便，但果媽覺得又是男房東又沒門鎖，認為真是太危險了，還好有她和女兒一起旅行。

城市任務

科隆大教堂

科隆的第一地標：科隆大教堂，是德國第二高、世界第三高教堂，同時也是公認的世界文化遺產。在科隆散步不用怕迷路，抬頭看天空，就能知道火車站在哪。

雖然和米蘭大教堂一樣，都是歷經六百多年建造才完工的哥德式教堂，兩者外觀上卻截然不同，簡單來說，如果米蘭大教堂是一位白紗新娘，那科隆大教堂就是穿著燕尾服、歷經人生滄桑的老紳士。

相較於米蘭大教堂明亮、輕爽的白，站在科隆大教堂下抬頭仰望，感受到的是黑沉肅穆，時間的滄海桑田。在二戰期間被瘋狂轟炸成廢墟的科隆市，連教堂也多次被砲彈擊中，造成屋頂塌陷，塔基瀕危，還好經過臨時加固，和戰後不斷修復，教堂才免於坦塌命運。即便教堂的修建工程仍不斷持續著，但建材的老化和時間感騙不了人，由時間造就的歷史感在教堂外觀上一覽無遺。

▲科隆大教堂

第8站
慕尼黑

第9站
弗萊堡

第10站
威尼斯

第11站
佛羅倫斯

第12站
米蘭

第13站
科隆

秘筆記
林果
★

古老的科隆大教堂參觀免費，上塔樓和進寶物館才需門票。

除了彩色玻璃鑲嵌畫，教堂內最有看頭的就是教堂祭壇前閃亮亮、整座鍍金的三王聖龕。話說科隆大教堂能有今日規模，還得拜此三王聖龕所賜。所謂三王就是聖經中的東方三聖，聖龕裡放著三位傳奇人物的「聖觸」。廣義來說，聖觸是指聖人的遺物或遺骨，包含頭髮、血液、心臟，或生前使用物品，我想大概就像佛陀舍利子對佛教徒的神聖意義吧。

▲科隆大教堂的聖龕，是許多教徒來此朝聖的重點

1164 年，科隆總主教將三王聖觸從米蘭移到科隆，對虔誠教徒來說：「聖觸在哪，神聖夢幻祭壇就在哪。」也因此造成大批朝聖人潮，堪稱中古世紀最佳旅行景點！為了配得上三王聖觸的夢幻地位，所以教會決議擴建教堂，才有今日我們看到的科隆「大」教堂。

教堂對面有 DOMFORUM，是所有科隆天主教堂的社區中心和科隆大教堂的遊客中心，這裡有媲美小影院的影音室，能欣賞更多科隆大教堂和其它教堂的影音介紹。

第1站
巴黎

第2站
阿姆斯特丹

第3站
柏林

第4站
布拉格

第5站
布達佩斯

第6站
維也納

第7站
薩爾斯堡

文化任務

免費古龍水噴泉

　　話說世界上第一瓶古龍水誕生地，居然不是愛噴香水的法國，而是德國科隆！

　　古龍水（Cologne）之所以叫古龍水，其實是由「科隆 Köln」的德語發音演變而來，一般刻板印象認為古龍水是男性專屬，但其實古龍水是一種精油濃度較低的「中性淡香水」，男女皆可用。相較於濃烈香水，古龍水走的是幽微淡香路線。一次大約維持一至二小時左右。

　　但若要說第一瓶古龍水是誰發明的，恐怕有些爭議，為此，科隆兩家最有名的古龍水品牌 4711 和法里納（Farina）還為此打過官司呢。因為當年歐洲對所謂的品牌和盜版意識還不是很先進，所以當法里納家族的古龍水一推出後，不但被各路人馬仿製銷售，更誇張的是還直接冠上 Farina 之名，最後法里納家族忍無可忍，將 4711 告上法庭。從創業時間和銷售記錄、書信來往，最後確認法里納更早製作銷售，所以法官判定 4711 敗訴，法里納家族確立了自己為古龍水創始人的地位。

　　時至今日，法里納仍由該家族後代所經營，在科隆市政廳對面，有一棟香水博物館。但法里納家族可能不太懂行銷，因此今日無論是聲望或品牌聲量皆大大落後 4711。反觀 4711，不僅懂得曝光、做廣告，價格也較親民。法里納古龍水 6ml 要

▲火車站大大的古龍水廣告招牌

第 8 站
慕尼黑　第 9 站
布萊堡　第 10 站
威尼斯　第 11 站
佛羅倫斯　第 12 站
米蘭　第 13 站
科隆

價 8 歐，4711 古龍水 50ml 只要 11.5
歐（2022 年價格），也難怪比起法里
納，消費者更願意購買 4711。

　　時至今日，兩個品牌都是科隆市
的古龍水代表性品牌，而且兩家店相
距不遠，約步行五分鐘的路程即可到
達，但 4711 距科隆大教堂更近，招
牌更醒目，因此更容易走著走著就遇
見。4711 一樓外觀非常高大上，金、
藍兩色的招牌色顯眼又奢華，尤其是
一樓大廳，我和果姊當時不知哪來的
勇氣，竟膽敢推門而入。

　　若說 4711「豪奢」，絕對名符
其實，店內有一個金水盆，水龍頭裡
嘩啦啦源源不絕流出的可不是自來
水，而是古龍水！在薩爾斯堡時，聽
過惡作劇主教行宮的紅酒噴泉，沒想
到在科隆居然可以體驗一回「古龍水
噴泉」。接待人員為我們示範，以「洗

▲有機會別忘了體驗一下
4711 豪奢的古龍水水龍頭

▲品牌 4711 古龍水實體店可以入
內參觀，店內有簡單的歷史解說，
亮眼的品牌藍綠色，讓人走過路
過不會錯過

手」方式先打濕雙手，再將古龍水輕拍於臉、頸間、頭髮，就可以香很久！

在店內二樓有小小展示區，包括 4711 的命名源由。拿破崙軍隊佔領期間，該棟大樓門牌被編為 4711 號，因此品牌名就取為 4711。店內最受歡迎的當然就是原始古龍水配方，價格很親民，是送禮自用兩相宜的好伴手禮。

雖說法里納的古龍水可能較不易入手，但當年把古老配方獻給科隆市的法里納家族貢獻不小，因此在市政廳二樓外牆上，刻有創造第一瓶古龍水的約翰・瑪麗亞・法里納（Johann Maria Farina）雕像。

只能說，一個得名，一個得利，也算一種圓滿結局。

文化任務

科隆國際家具展

早聽說「科隆家具展」的盛名，這次旅行尾聲，剛好時間重疊，因此特地安排順遊，事先上網買好數位門票，一人 10 歐，門票內含當天市內一日車票使用。

一到會場，大開眼界，科隆家具展現場就像一場盛大歡樂的par-ty，歐洲各品牌在會場內為了宣傳人氣，盡出奇招。除了表演、遊戲、摸彩，現場還有廚神 PK，原來是廚具廠商的奇招，讓三位大廚現場煮美食給觀眾品嚐，果媽和阿斗仔搶著上台吃美食，一點也不怯場，我原本還擔心果媽會覺得設計展無聊，誰知道她居然比我還樂在其中。

場內最受歡迎的品牌，就是免費供應食物的攤位，咖啡、水果、三明治只是小菜一碟，奢華大品牌甚至直接把無限量供應自助吧搬進會場，因為展場附近吃飯不方便，如果場內有飲食，買家們就有更多的時間參觀，既貼心又能創造雙贏。至於坐在哪裡吃？反正家具展中，最不缺的大概就是椅子了吧！

▲科隆家具展設計感、創意滿滿

行前排兵佈陣　解鎖城市任務　結語

🦋 林果經驗談

　　每年大約在一月中至月底，為期一週的科隆國際家具展，匯聚全球一百四十五個國家、上千家廠商，和超過十萬人的專業買主齊聚一堂。這裡展示著全世界概念最新、實品最全的家具設計，從廚具、寢具、櫃子、沙發、按摩椅、裝飾佈置、雜誌，只要和家具有關，來會場一趟，就可將所有設計師、買家、最新情報一網打盡，堪稱家具設計界最盛大的盛會！近年來台灣有許多傑出的家具設計品牌，也積極參與展覽，想讓國際看見台灣的好設計，就一定要往外走出去。

第1站
巴黎

第2站
阿姆斯特丹

第3站
柏林

第4站
布拉格

第5站
布達佩斯

第6站
維也納

第7站
薩爾斯堡

結語

科隆
教會我的事

　　話說當初在訂科隆民宿時，發生了一個小插曲：原定民宿以家具展
名義，突然惡意漲價，造成我必須臨時換房。這位奸詐的德國男房東甚
至還威脅我說不訂房的話，多的是有人要訂。

　　當下我先寫信把他痛罵一頓，對方雖決定降價，但還是比原價更
貴，而且不知為何他居然知道我帳戶裡有20歐折價券，他說折扣後就
和原價差不多。但是我的折價券為什麼要聽他的指揮使用？而且還沒入
住就取出爾反爾，入住後難保不會再找其它麻煩。

　　好在我習慣每個城市都會多找幾家「口袋名單」，確認在其它房源
訂房完成後，我拖到最後才拒絕他訂房，順便寫信再罵他一次，讓他也
體驗一下什麼叫做七上八下、進退不得的不安心情。

　　這種投機取巧、趁機敲詐的惡房東絕對不能縱容，這不只是維護自
己的權益，也是為了打造更友善、誠實、透明旅行環境，因為我們每一
個人都是在天秤上放砝碼的那一雙手，只要有一次不合理要求被得逞，
市場天秤就會向「惡」傾斜一分。

　　旅行除了美好，亦有殘酷的一面；每一個旅人，都有讓世界變得更
友善的責任和能力。

行前排兵佈陣

解鎖城市任務

結語

花費結算榜

住宿
448€
交通費
279€
門票及食費
190.5€

實際花費 = 917.5€
計劃預算 = 777€
本站總結 = 超支 140.5€
預算佔比 = 7.4%

目前預算 = 盈餘 536 €

科隆
Köln

跨 境 移 攝

台北
Taipei

N
W E
S

Departure: 07:53
from
Köln Hbf
Arrival: 09:59
at
F-Flughafen Fernbf.

Departure:
01/24 13:55 from
F-Flughafen Fernbf.
Arrival:01/25 21:05
at
Taipei

　　待在科隆的日子，每天
都下著大雪，對長輩來說，
雪地濕滑怕摔倒，一吹冷風怕頻繁上廁所，
因此畀媽選擇待在民宿休息，而她一個人在房間裡都做些什麼呢？
答案是：看電視氣象。

　　雖然一句德文也聽不懂，但憑著太陽、雲朵、雪花圖案和溫度數字，
看圖說故事也能看懂氣象報告，看到大雪不斷，她一直擔心機場會不會
關閉停飛，屆時就得睡機場了。雖然我不介意睡機場，但畀媽可不想被
折騰，所以每天都努力祈求菩薩保佑，讓我們順利回家。

終站：回家

終站

台灣

HOME

心願清單

☑ 鹹酥雞
☑ 珍珠奶茶

行前排兵佈陣

▲提早四小時到機場：多預留兩小時給退稅流程使用

▲退稅發票與退稅表，先依退稅公司和順序整理好

▲將退稅物品集中放置一個行李箱，以備抽檢查驗

▲合理分配三個行李箱負重

GET 交通

　　買歐洲機票時，可以購買「不同點進出」票種，可省下走最後的回程交通費和時間。法蘭克福機場不止是德國門戶，更是中歐門戶，所以旅途終點安排在鄰近城市，可就近搭機回台。

　　從科隆到法蘭克福，德國頂尖旗艦高速火車 ICE 僅提供對號座位，搭乘一至二小時就能到達，每天都有多班列車行駛直達機場。當日買票40 歐，早鳥票入手價 13 歐，省了約台幣 3000 元。

　　考量到了機場還要寄明信片、辦退稅，還需預防遇到團客大排長龍等突發狀況，所以我們決定提早四個小時到機場：兩小時辦退稅，兩小時辦登機。如此高規格禮遇，以至於後來我們就會開玩笑說：「比照法蘭克福機場規格辦理」。

▶ 林果經驗談：最後一張火車票

　　5:30 起床，6:30 出發，8:00 搭火車，14:00 搭飛機。
時間過的好快，這趟夢一般的旅程，終於來到最後的尾聲。

旅行，有探索未知的興奮，也有游牧生活的疲累。果媽說拖著行李，好像在各國流浪，我雖不覺得是流浪，但卻是第一次在旅行結尾時渴望回家，真想念鹹酥雞和珍奶。

　　早上七點，天空還是暗的，大廣場一個人都沒有，我們和科隆大教堂道別，在世界文化遺產的目送下，離開歐洲，踏上歸途。

▲我們的歐洲行就在科隆大教堂的見證下，畫下句點

　　拖著塞得滿滿、快爆炸的三大只行李箱搭電動手扶梯，其實是有危險性的，所以我特別吩咐果媽原地等待，等我折返回來拖運。偏偏果媽的不聽話體質再次啟動，拉著行李也上了手扶梯。說時遲那時快，眼前就像慢動作播放特效一樣：行李倒了，果媽去拉，沒拉住，果媽失去平衡，眼看即將滾落樓梯……我趕緊拋開手中的大行李，衝上階梯，及時扶住差一點滾下去的果媽！

　　果媽只有腳和膝蓋瘀青，是不幸中的大幸，沒流血也沒骨折，真是阿彌陀佛。旅行途中，我們一直不斷提醒彼此，不要受傷，不要生病，否則只能「遣送回國」，好在意外發生在最後一天，還真的是立馬「遣送回國」！

最後關卡：機場退稅

　　第一次辦理退稅有些緊張，網路上充斥各種不同說法，其中我最害怕發生的就是無緣無故的刁難和扣押物品，所以前一晚我們乖乖做好準備：分類發票，計算金額，免稅物集中同一行李箱置放。（詳細退稅流程可見《歐洲不難》）

　　儘管已做好萬全的準備，當天果然還是出現突發狀況。

　　在 Conni 家附近商場購買時的退稅單，不能在機場領現金，必須回到小鎮商店領，這個規定超不合理，旅客都要回國了，怎麼可能還會回去？最後我們決定，將票據寄給 Conni，就當作一個小小的驚喜禮物吧。

▲ 法蘭克福機場海關處
◀ 海關確認沒問題後就可以拿著發票去領錢啦
▶ 德國機場的郵票售票機很方便

我原本還覺得提前四小時到機場可能太杞人憂天，沒想到搞定一切後，時間居然剛剛好！感謝提早到達的決定，才能不慌不亂應對各種突發狀況。

好在後續一切順利，據說，當我們的班機飛離法蘭克福機場後，德國的機場因大風雪而關閉，所有班機暫停起飛。感謝佛祖，阿彌陀佛。

▲離開當日下著大雪，氣溫只有零下二度，大概是果媽的祈求成功，我們順利起飛回國沒有睡機場

秘筆記
林果

歐洲常見退稅公司有三家，為了防止現場手忙腳亂，可以先將不同退稅公司的發票分類，填好退稅表，算好每一家應退多少錢，這在現場幫助很大，因為一領完錢就能確認是否全額退稅成功。

另外，提供一個省排隊時間小妙招，海關檢查完、蓋章後，需分別至三家公司窗口領現金，我和果姊分開排隊，一人排一家，誰先完成再去排第三家，果媽負責顧行李。

林果經驗談

如果在德國搭飛機，最好嚴格按照托運重量分配行李。

話說托運行李時，雖然三人行李總重量加起來並未超重，但是我的行李箱較大，超過單一行李重量上限，依照過往經驗，地勤人員通常會給予方便，但一板一眼的德國人卻要求我必須開箱移物，平衡三箱重量。果姊說，可能是為了防止搬運工人受傷，因為突然搬到超重行李，可能會讓人肌肉拉傷。

終極花費結算榜

挑戰結果

前進餘額	536 歐
－）車票支出	45 歐
＋）匯率差額	21 歐
終站餘額	512 歐

512 歐 ÷3 人≒ 170.6 歐≒ 6,400 台幣（每人剩下金額）

台幣 150,000 － 6,400=143,600 元（90 天 1 人旅費總金額）

歐洲 90 天 15 萬，挑戰成功！！！

90 天旅費佔比排行榜

項目	3 人 (€)	1 人 (€)	3 人 (NT)	1 人 (NT)	旅費佔比	排名
機票			87,000	29,000	19.3%	第二名
住宿	4,949	1,650	185,588	61,863	41.2%	第一名
大交通	1,164	388	43,650	14,550	9.7%	第五名
小交通+門票	1,408	469	52,798	17,599	11.7%	第四名
食費	1,645	548	61,689	20,563	13.7%	第三名
剩餘金額	512	170.6	19,200	6,400	4.3%	

◆ 註 1：因匯率換算，會有小數點除不盡而產生的誤差值。
◆ 註 2：3 天沙發衝浪住宿免費，不列入計算。
◆ 註 3：食費以自煮為主，約每個城市體驗 1 家餐廳。

歐洲自助旅行，預算怎麼抓？

90 天 3 人總共花費 9166 歐，平均每人花 3055 歐，每日約 35 歐。依旅費佔比表又能推導出「1 人日均費用」。

項目	台幣	歐元
住宿	736	20
跨國交通 / 單次	1,119	30
食費	236	6
小交通＋門票	202	5

歐洲旅行，控制預算一定要做的事

　　雖然挑戰歐旅90天15萬看起來非常困難，但旅程中該吃、該喝、該玩的也沒因為省錢而跳過，我總結此次挑戰能成功的原因，有幾個關鍵原因：

住宿要有廚房

　　在旅行中，住宿費佔比最高，而且為了獲得較佳的睡眠品質，這也是最難省錢的項目。但若不從「降低價格」，而以「提高品質」來思考，有幾個小撇步。

　　首先是「多人遊」比「單人遊」有優勢。以每人單日20歐住宿預算來說，單人只能住青年旅館，但3人有60歐預算，可住到公寓型民宿，相對來說隱私性和舒適度都會提高。

　　其次一定要「有廚房」，自己煮不但省錢，還能吃得又飽又美味。

　　在歐洲煮什麼最省？答案是：義大利麵！

　　一包一公斤義大利麵約1歐，一罐義大利蕃茄紅醬約1歐。此份量我們家三人可吃三次，等於三人一餐的主食費用不到1歐，和歐洲餐廳主食大多15歐起跳相比，這數字實在驚人！所以「多人出遊」並選一個「有廚房」的住宿，絕對是最明智的選擇。

要早點買票

　　若說住宿費最難省，那歐洲火車大概就是最好省錢的項目。只要用對方法，歐洲交通真的超級便宜！

　　關於歐洲火車、巴士的小祕密就是：提前二至三個月上網買票，不用搶票也不用熬夜，輕輕鬆鬆就能買到「合理價格」的火車票。

　　舉例來說，說到歐洲交通就想到火車pass，二等艙成人票三個月票價至少900歐起跳，這還不包括訂位手續費，若想搭高鐵、夜車還需額

外加費，而我的跨國交通費用三個月下來只花費 388 歐，差額近台幣二萬元，三人等於省了六萬！

我平均移動一次約 30 歐，但若扣除有兩次繞遠路，造成火車票昂貴的特殊狀況，平均移動一次約 20 歐，約等於台幣 750 元，這樣的歐洲火車算貴嗎？

要做功課

舉凡熟悉各國城市的小交通、免費參觀規則，是旅行前必備的細節功課，雖然省錢幅度不似跨國交通來得高，但能免費參觀的心靈爽度，是無法用金錢衡量的。既然已參加挑戰，該拿的就要全拿。

難度最小的，是每個城市的「免費參觀日」。

難度中等的，是城市的交通卡。

門檻最高的，就是交通卡＋城市卡＋博物館的 PK 大亂鬥。

非旅行狂熱者，建議可依自己能力等級選擇挑戰項目，畢竟保持身心靈的愉悅也很重要，但若想成為旅行能力者，那一定要挑戰看看越級打怪！

行李要「克克計較」

自助旅行時，經常要拉著行李箱上上下下各種交通工具，因此「輕裝便行」絕對是最明智的選擇。

若問我行李中帶得最多餘的東西，就是衛生紙，熱水壺，吹風機。除了不該帶的東西不要帶之外，擁有「多種機能性」的產品，輕、薄、暖、多功能、可折疊、易收納，成了我往後購買物品的評估重點。

其中，冬天旅行，我最推薦的小物就是：熱水袋。尤其若是帶著長輩旅行，更是必備暖心小物。

自助旅行，行李不只是要斤斤計較，更要「克克計較」。畢竟帶得愈少，才能買更多帶回來啊（笑）！

歐洲旅行推薦・高 CP 值城市榜

終站：回家

住宿
CP 值最優城市

No.1　維也納

No.2　布拉格

No.3　威尼斯

交通費
CP 值最優城市

No.1　布拉格
　　　維也納

No.2　巴黎

No.3　慕尼黑

跨國移動
CP 值最優車票

No.1　柏林
巴士　│
5 €　布拉格

No.2　薩爾斯堡
火車　│
10 €　慕尼黑

No.3　布達佩斯
巴士　│
16 €　維也納

物價
CP 值最優城市

No.1　維也納

No.2　布拉格

No.3　巴黎

「博物館控」會愛上的城市

薩爾斯堡卡贏在超值，而佛羅倫斯卡雖然價格高昂，但文藝復興的黃金級景點一概包含在內，讓人不禁火力全開，72 小時內痛快地衝刺所有景點。

宮殿、博物館愛怎麼拍就怎麼拍，愛怎麼逛就怎麼逛，很少另收費用和限制遊客參觀時間、動線，展現文化強國的大國風範，加上時不時有博物館日等免費參觀福利，簡直就是博物館控們的天堂，逛到腳軟也心甘情願。

最適合「散步」的城市

第 1 名　巴黎、威尼斯

第 2 名　布拉格、維也納

第 3 名　佛羅倫斯

雖然布拉格是一個景點處處都要收費的城市，但最好的藝術品其實都在戶外，只要行前用點心做功課，一場免費的建築藝術之旅，永遠不會讓旅人失望。

結語　永遠選擇相信自己

旅行是探索世界，也是探索自己。

　　歐洲之旅是我在人生第一次重大辭職後的啟程，它出發於 2012 年，完成於 2013 年。而我人生第二次重大辭職在 2021 年，正是全球 COVID-19 最嚴重的時候，無法出發旅行的我，此時卻收到了《歐洲不貴》2.0 的寫作合約，2022 年全心投入寫作時，就像又去歐洲旅行一遍。相隔整整十年，兩次人生職涯的重大拐點，沒想到是同一趟旅行治癒了我。當我翻看著硬碟裡的照片，摸著有些泛黃的紙張筆記，我好像又飛回十年前的巴黎、威尼斯……我好像又見到當年那個不知天高地厚、有點傻的自己。

　　第一次寫書是初生之犢，這一次更多是近鄉情怯。這趟旅程還能帶給讀者什麼？什麼才是最重要的？十年前後的我已截然不同，看待歐洲之旅的眼光也已變異，寫作的一年多裡，內心不斷反覆辯證，其糾結掙扎的心情，可從初始二十多萬字的書寫（已有克制），最後濃縮成至十二萬字的歷程窺見一二。一路走來只想說：「謝謝妳的勇敢與全力以赴，謝謝妳的離開與出發。人生無悔，人間值得。」

　　莫札特從小遊歷歐洲各國，一生旅行 3720 天，相當於 10 年 2 個月又 2 天。在他短短的 35 年生命中，旅行佔據近三分之一時間。他曾說：「旅行塑造你。」

而 15 萬 90 天的旅行形塑了我什麼？一開始我以為這是一條繩索，一種限制，以為花費超過 15 萬就等於失敗，後來我發現這是一雙翅膀，它帶我看到了不一樣的歐洲，驗證了一個沒人知道的答案，給了我探索世界的能力和勇氣。15 萬 90 天，7 個國家，13 個城市，車票、門票、吃飯預算……出發前，我以為自己在做一道數學題，後來發現是沒有標準答案的申論題。旅行是數字，又遠遠不只是數字；數字是評估旅行的方式之一，但無法評價旅行，因為「價格」不等於「價值」。

　　花了 90 天（或是更久的十年？）反覆辯證後，又該交卷了。

　　「出發即是勝利，永遠選擇相信自己」。相信自己的選擇，哪怕沒有人看好，哪怕沒有結果，但是因為相信過，努力過，所以都不算失敗。沒有失敗，也算一種成功。這個結論無論是旅行還是人生都很適用。挑戰預算有限的旅行或許很難，但人生更難，而人生就是一趟「資源有限」的挑戰之旅。

　　書寫最後，感謝媽媽和姊姊，總是陪我完成各種異想天開的想法，家裡有這樣的女兒一定很頭痛又很好玩吧；感謝編編瑞芳，總是給我最大的寫作空間和尊重信任，第三本書了，能一起合作真的很高興；感謝所有為此書付出但未曾謀面的夥伴，謝謝大家的協助，深深感謝。最後感謝看完此書的你，有任何問題或想法，歡迎上 FB「林果的小宇宙」分享讓我知道！

　　　　享受吧。我們旅途上見！

　　　　　　　　　　　　　　　　林果 2023.4.12

326

歐洲不貴

解鎖 7 國 13 座城市，高 CP 旅行大作戰！從規劃到體驗，私房密技大公開！

作　者　林果
選 書 人　張瑞芳
責任主編　張瑞芳
編輯協力　曾時君
專業校對　童霈文
版面構成　簡曼如
封面設計　児日設計
行 銷 部　張瑞芳、段人涵
版 權 部　李季鴻、梁嘉真
總 編 輯　謝宜英
出 版 者　貓頭鷹出版

發 行 人　涂玉雲
發　　行　英屬蓋曼群島商家庭傳媒股份有限公司城邦分公司
　　　　　104 台北市中山區民生東路二段 141 號 11 樓
劃撥帳號：19863813 ／戶名：書虫股份有限公司
城邦讀書花園：www.cite.com.tw ／購書服務信箱：service@readingclub.com.tw
購書服務專線：02-2500-7718 ～ 9（週一至週五 09:30-12:30；13:30-18:00）
24 小時傳真專線：02-25001990 ～ 1
香港發行所　城邦（香港）出版集團／電話：852-2877-8606 ／傳真：852-2578-9337
馬新發行所　城邦（馬新）出版集團／電話：603-9056-3833 ／傳真：603-9057-6622
印 製 廠　中原造像股份有限公司
初　　版　2023 年 5 月
定　　價　新台幣 540 元／港幣 180 元（紙本書）
　　　　　新台幣 378 元（電子書）
ISBN　978-986-262-626-9 （紙本平裝）／ 978-986-262-624-5 （電子書 EPUB）
有著作權·侵害必究（缺頁或破損請寄回更換）

讀者意見信箱　owl@cph.com.tw
投稿信箱 owl.book@gmail.com
貓頭鷹臉書　facebook.com/owlpublishing/
【大量採購，請洽專線】　(02)2500-1919

城邦讀書花園
www.cite.com.tw

本書採用品質穩定的紙張與無毒環保油墨印刷，以利讀者閱讀與典藏。

歐洲不貴：解鎖 7 國 13 座城市，高 CP 旅行大作戰！從規劃
到體驗，私房密技大公開！／林果著 . -- 初版 . -- 臺北市：貓頭
鷹出版：英屬蓋曼群島商家庭傳媒股份有限公司城邦分公司
發行, 2023.05
　面；　公分
ISBN 978-986-262-626-9(平裝)
1.CST: 遊記 2.CST: 歐洲

740.9　　　　　　　　　　　　　　　　112002660